中华经典之道丛书

顾作义 ◎ 编著

《列女传》之女性修养之道

暨南大学出版社
JINAN UNIVERSITY PRESS

中国·广州

图书在版编目（CIP）数据

《列女传》之女性修养之道/顾作义编著 . —广州：暨南大学出版社，2022.8
（中华经典之道丛书）
ISBN 978 - 7 - 5668 - 3321 - 1

Ⅰ . ①列⋯　Ⅱ . ①顾⋯　Ⅲ . ①妇女—列传—中国—古代
②《列女传》—研究　Ⅳ . ①K828.5

中国版本图书馆 CIP 数据核字（2022）第 035671 号

《列女传》之女性修养之道
《LIENÜZHUAN》ZHI NÜXING XIUYANG ZHI DAO
编著者：顾作义
··

出 版 人：张晋升
责任编辑：周玉宏
责任校对：孙劭贤
责任印制：周一丹　郑玉婷

出版发行：暨南大学出版社（511443）
电　　话：总编室（8620）37332601
　　　　　营销部（8620）37332680　37332681　37332682　37332683
传　　真：（8620）37332660（办公室）　37332684（营销部）
网　　址：http://www.jnupress.com
排　　版：广州良弓广告有限公司
印　　刷：深圳市新联美术印刷有限公司
开　　本：850mm×1168mm　1/32
印　　张：4.5
字　　数：70 千
版　　次：2022 年 8 月第 1 版
印　　次：2022 年 8 月第 1 次
定　　价：32.00 元

（暨大版图书如有印装质量问题，请与出版社总编室联系调换）

总　序

　　中华优秀传统文化历史悠久，博大精深，魅力无穷，是中华民族的"根"、中华民族的"魂"，是中华文化自信的源头与活水，也是中华民族的力量所在。

　　中华优秀传统文化也是人类共有的精神财富，具有普遍意义。正如习近平总书记指出："中华文化源远流长，积淀着中华民族最深层的精神追求，代表着中华民族独特的精神标识，为中华民族生生不息、发展壮大提供了丰厚滋养。"①

　　中华经典是中华优秀传统文化的"精华"，是我们增强中华文化自信、自尊、自觉的积淀；它是超越时空的，跨越国界的，一直能够回应当代人的生活之问，特

<hr />

　　① 习近平：《习近平谈治国理政》（第一卷），北京：外文出版社2018年版，第164页。

别是在科技发达、社会巨变的时代，为我们提供了走出价值迷津，防止人性物化的"良方"。学习中华经典也是一个人寻求自我完善的最佳途径。

读经典是与高人对话、与历史对话、与人生对话、与生命对话，是吸收精神滋养，开启智慧，丰富人生。经典穿越时空，观照当下，照亮未来。读经典要"入乎其中，又出乎其外"，要消化、吸收、更新。学习经典要从认知入手，朗读、记忆、思考，然后去体悟和运用。读经典最有效的办法是带着问题去研读，这样才能有收获。我们如果能有一个读书计划，每两个月读一本，一年读六本，三年的时间也可以精读十八本。如果能立志、坚持，一定能实现博学、笃行。

当下，有些人对中华传统文化的理解，大多局限于"中国结""功夫""美食""手艺"等符号化、浅表性的平面维度上，缺乏对其精神内核、价值理念、道德思想和审美情趣的学习和研究，其实，这些才是中华优秀传统文化最宝贵、最核心的内容。而这些宝贵的精神思想和审美理念，都蕴含于中华经典之中。从形式范畴的角度来看，中国传统文化的结构可以划分为五个层面，即"道""器""法""术""势"，如下所示：

如果从内容范畴着眼，可把中华优秀传统文化划分为三个层次：

1. 第一个层次：道

"道"涵括两个方面：①精神基因、价值取向；②世界观、方法论。具体包含：

（1）"天下为公"的社会理想；

（2）"天人合一"的生存智慧；

（3）"民为邦本"的为政之道；

（4）"民富国强"的奋斗目标；

（5）"公平正义"的社会法则；

（6）"和谐共生"的相处之道；

（7）"自强不息"的奋斗精神；

（8）"精忠报国"的爱国情怀；

（9）"革故鼎新"的创新意识。

2. 第二个层次：德

"德"指向行为方式，具体包含：

（1）"中庸之道"的行为方式；

（2）"经世致用"的处世方法；

（3）"仁者爱人"的道德良心；

（4）"孝老爱亲"的家庭伦理；

（5）"敬业求精"的职业操守；

（6）"谦和好礼"的君子风度；

（7）"包容会通"的宽广胸怀。

3. 第三个层次：艺

"艺"涵括艺术形态和审美情趣，具体包含：

（1）"诗书礼乐"的情感表达；

（2）"琴棋书画"的艺术情趣；

（3）形神兼备、情景交融的美学追求；

（4）俭约自守、中和安泰的生活理念。

那么，如何学习和弘扬中华优秀传统文化呢？习近平总书记提出了"双创"的原则——"创造性转化、创新性发展"。具体来说，就是应力求做到五个"贯通"：

第一，贯通儒、释、道。中国传统文化的发展脉络是"一源三流"，如下所示：

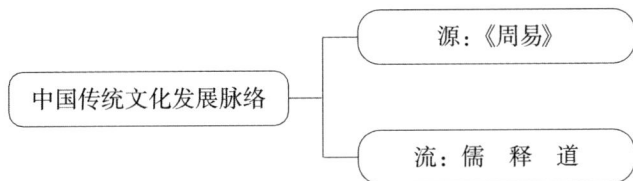

儒、释、道可以说是中国传统文化的三大支柱，既有共同的思想与理念，也有不同的观点与方法。可以说，它们是你中有我，我中有你，但又各具特色。如儒家的

"入世"与佛家的"出世",儒家的"有为"与道家的"无为",都存在内在的联系,只有取长补短、博采众长,才是科学的态度和正确的方法。

儒、释、道三家各有其独特的理论体系,发挥着独特的功能,它们之间不完全是对立的,有着很强的互补性。儒学是养性,主要讲为人处世的德行,用"仁、义、礼、智、信"作为准则,讲的是如何处理好人与人之间的关系。释家即佛学是养命,主要讲的是人自身的身心和谐,讲的是人的"灵性",是一种对生命的终极关怀。佛学认为"心生万法",修命可以理解为"修心"。道学是养身,"万物与我为一""道法自然",主要是讲人与自然的关系,要与自然和谐相处。人的身、心、性、灵的修养,离不开"三教"的学问,必须融会贯通。历史上不少思想家如王阳明、梁启超、梁漱溟等都是跨"教"的高手,他们善于把"三教"的思想融会贯通。其实,在中华经典中,"三教"的经典是互相渗透的。有人说,人生的最高境界是:佛为心,道为骨,儒为表。

第二,贯通"道、术、势"。中华优秀传统文化有三大基本内容,一是"道",这是真理、规律,是中国传统文化的核心精神,"道"决定了"德",表现为

"术"，适用于"势"，学习领悟传统文化关键在于"悟道""行道"；二是"术"，这是"道"的表现形式和创造方式，是中国人的思维方式在行为上的表现，也是实现"道"的策略和方法；三是"势"，这是事物的发展趋势、形势，是当下的运用，是"道"与"术"的落脚点。中华优秀传统文化的学习和运用，要用"道"来统率"术"和"势"，直达文化的内核，这是领悟传统文化的根本。为此，学习中华优秀传统文化要把重点放在明道、养德、启智。

第三，贯通文、史、哲。哲学家培根说："读史使人明智，读诗使人灵秀，数学使人周密，科学使人深刻，伦理学使人庄重，逻辑修辞之学使人善辩。凡有所学，皆成性格。"在对经典的解读中，文学可以把抽象的理论讲得生动有趣，史学可以以史为鉴、启智明理，哲学可以使之深刻透彻，把这三者贯通起来可以相得益彰，实现道、德、艺的统一。

第四，贯通古今。经典的学习是以古鉴今，古为今用。这就要适应时代的变迁，与时俱进，立足当下，关注现实，从中寻找解决现代人心灵、道德困境的方法。

第五，贯通中西。中华优秀传统文化是中国的，也是世界的。对中国传统文化妄自菲薄是缺乏自信的表现；而夜郎自大，对外来文化加以排斥则是傲慢的表现。因此，必须互相尊重、理解、借鉴、交流，一方面，要用开放的胸襟接纳、借鉴外来的文化并加以创新，把西方优秀文化本土化；另一方面，让中华优秀传统文化走向世界，增进世界对中国文化的理解，增强中华文化的创新力、感召力和影响力。

习近平总书记 2014 年 9 月 24 日在纪念孔子诞辰 2 565 周年国际学术研讨会暨国际儒学联合会第五届会员大会开幕会上的讲话指出："在带领中国人民进行革命、建设、改革的长期历史实践中，中国共产党人始终是中华优秀传统文化的忠实继承者和弘扬者，从孔夫子到孙中山，我们都注意汲取其中积极的养分。"

然而，经典毕竟是几千年前的产物，随着时代的进步，有的内涵发生了变化，我们不能"食古不化"，而应在中国文化优秀基因的基础上，赋予其新的内涵并加以丰富和发展，这就需要进行现代解读，这个解读就是习近平总书记指出的进行"创造性转化、创新性发展"。具体来说，解读的方法有以下几种：一是选择新的视角。经典的内涵是丰富的，全面的学习是一个基础。在此基础上，要观照当下，紧扣当今人们的精神呼唤，直面新需求、新问题，用新的视角去解读、去体悟，从中获得新的答案。二是实现新的转化。中华经典是历史的产物，随着时代的发展，必然有新的语境、新的要求，为此，在转化中要"不忘本来"，不忘中华优秀传统文化的根脉，注入时代精神，赋予新的内涵，焕发其生机和活力；要"吸收外来"，以开放的心态，接纳世界的优秀文化，取长补短，博采众长，既不自卑，也不自大；要"面向未来"，着眼于造福子孙万代和永续发展，为未来的发展夯实根基，提供不竭的精神动力和力量源泉。三是致力于新的超越。经典可以温故知新，思想文化的新发现，科学技术的新发明，为新思想、新观点创造了新条件，这就要在新的时代加以丰富和发展。正是基于以上的认识，我从几年前着手进行"中华经典之道丛书"的写作，完成了《〈劝学〉之学习之道》《〈黄帝内经〉之养生之道》《〈道德经〉之辩证思维之道》《〈菜根谭〉之处世之道》《〈庄子〉之生命关怀之道》《〈六祖坛经〉之修心之道》《〈人物志〉之用人之道》《〈列女传〉之女性修养之道》等。这一丛书的写作有三方面考虑：一是分主题切入，分类选择主题，集中于某一个侧面进行解读；二是观照当下，关注现实，结合当代人的现实生活，以古鉴今；三是力求通俗易懂，经典大多比较深奥难懂，为此，必须用现代的语言进行讲解，用讲故事的方法来阐述道理。

"中华经典之道丛书"中每一册以一部经典为范本，选择一个主题作为切入点对经典进行导读，始终在"贯通"两字上下功夫，观照当下，学以致用，寻找传播、普及中国传统文化的新路径，这也是一种新的尝试。

"中华经典之道丛书"的写作，让我重温经典，对我来说是一次再学习，我从中增长了知识，更为重要的是完成了心灵的修炼，虽然辛苦，但乐在其中。由于能力、水平有限，本丛书一定存在一些不足，期待得到读者的指正。

是为序。

作者于广州

2022 年 3 月 25 日

目　录

引　言

　　性别、职业、社会地位是一个人的第一身份，体现了一个人的职责和名望，而修养则是一个人的第二身份，体现了一个人的素养和品位。第一身份往往是外在的，是由内在的修养所决定的。

　　那么，修养是什么，这要从"修养"二字说起。

　　修，小篆为㣎，由"攸"（"悠"的省略）和"彡"（赋形着彩）组成。"攸"既是声旁也是形旁，表示缓慢、从容。"彡"是须毛和画饰的花纹，为装饰之用，故"修"有修饰、修治之意。"修"字的本义为从容装饰、精心美化。

　　《说文·彡部》："修，饰也。从彡，攸声。"意思是说："修，纹饰。"人们常常修剪、修饰身边的事物，"修"也因此引申出整治、改造的含义，对有缺陷的东西，我们需要进行修补、整理、修改。"修"既是对外表的装饰，也是对内心的改造提升，强调人要通过修炼、修行、修身来提高自己的修养。

汉字的"养"字，甲骨文为 🐏，由 ⅄ 和 攴（支，手持鞭子）组成，表示手持鞭牧羊，含"放牧饲养"之意。篆文为 養，由"羊"（羊）和"食"（食，喂食）组成，从羊、从食，突出了"用食饲养"之意。古代称放牛为"牧"，称放羊为"养"，后来"养"专指圈喂家畜家禽。《说文·羊部》："养，供养也。从食，羊声。"如"祭而丰，不如养之薄也"。养还指对植物的培植，如养花。动植物的成长需要足够的食物，这就是养分、养料。养用于人，指培养、修养、生育，如"我善养吾浩然之气""家家养男当门户，今日作君城下土"。

"修养"一词出自唐代诗人吕岩的《忆江南》："学道客，修养莫迟迟。光景斯须如梦里。"修养从字面上看，包括"修心""养性"和"修身"三大部分。通常由"修心"到"修行"，再到"修养"，是一个由内到外、从心到身的修炼过程。

中国传统文化非常重视修养问题，认为修养是实现人生理想和创造人生价值的根本途径。孔子提倡"修己以敬""修己以安人""修己以安百姓"的人生理想和目标，并在长期的实践中总结出一系列的修养方法。如内省慎独、慎言敏行、养气持志、知足节欲、重义轻利等。

修养之于古人，不仅是个人品格之修为，待人处事之智慧，亦是一种人生价值之塑造，以及人生意义之追求。修养之于今日，内涵则更为丰富，包含了一个人的道德培育、学识增长、性情陶冶、心灵修炼，它是人们在发展和完善自己的过程中的自觉努力，是一个人在待人处世过程中表现出来的风度、仪表，也是人们在思想、政治、道德、才能、技术等方面的勤奋学习、自觉锻炼和不断提升的过程。

一个人的素养是以修养为基础的，获得人生幸福的过程就是提高人生修养的过程，有什么样的修养，就能铸就什么样的人生。修养，体现了一个人的文明素质，同时也能消除人生的种种烦恼和痛苦。修养，是不断认识自己、发展自己、塑造自己、完善自己的过程，从中探寻生活的真谛、人生的意义，以求得更好的生存与发展。

中国传统文化不但重视男性的修养，也注重女性的修养，并把女性修养放到很重要的位置上。古代先贤编写了不少女性修养的读物。《红楼梦》第四回，讲林黛玉出生在一个书香门第，从小就读《女四书》《列女传》和《贤媛集》等书。《女四书》分别是东汉女史学家班昭写的《女诫》，明成祖的徐皇后写的《内训》，唐代女学士宋若莘撰写的《女论语》，明末儒学家王相之母刘氏所写的《女范捷录》。《列女传》为西汉刘向撰写；《贤媛集》为南朝宋临川王刘义庆所撰写，是《世说新语》中的一章。在这些女性修养读物中，最系统、最有影响的是西汉刘向撰写的《列女传》，这本传记为中国杰出的女性立传，收集了品行、才学皆优的女性的事迹，为后人树立了学习的榜样。

　　《红楼梦》第九十二回《评女传巧姐慕贤良　玩母珠贾政参聚散》中贾宝玉与王熙凤的女儿巧姐有一段读书的对话：

　　宝玉道："你认了多少字了？"

　　巧姐儿道："认了三千多字，念了一本《女孝经》，半个月头里又上了《列女传》。"

　　宝玉道："你念了懂得吗？你要不懂，我倒是讲讲这个你听罢。"

贾母道："做叔叔的也该讲究给侄女儿听听。"

宝玉道："那文王后妃是不必说了，想来是知道的……若说有才的，是曹大家、班婕妤、蔡文姬、谢道韫诸人。孟光的荆钗布裙，鲍宣妻的提瓮出汲，陶侃母的截发留宾，还有画荻教子的，这是不厌贫的。那苦的里头，有乐昌公主破镜重圆，苏蕙的回文感主。那孝的是更多了，木兰代父从军，曹娥投水寻父的尸首等类也多，我也说不得许多。那个曹氏的引刀割鼻，是魏国的故事。那守节的更多了，只好慢慢的讲。若是那些艳的，王嫱、西子、樊素、小蛮、绛仙等。妒的是秃妾发、怨洛神等类，也少。文君、红拂，是女中的……"

贾宝玉在这里列举了《列女传》中讲到的才女、贤女、艳女、妒女，基本上把《列女传》的内容讲全了，可见，《列女传》在古代是作为女性的修养读物的。

女性的解放是社会解放的一把标尺。新中国成立以来，我们坚持男女平等的基本国策，破除"男尊女卑""重男轻女"的封建意识、性别歧视和政策障碍，女性走出家庭，走向社会，成为社会主义国家的建设者，为家庭幸福、国家发展奉献了辛勤的汗水和聪明才智。在这一过程中，女性的学养、教养等素质不断地提升。但我们也应当看到，由于受到传统文化的影响，性别的差异由特定的家庭"角色"和社会"角色"所决定，新时代对女性修养也提出了更高的要求，如何提高女性道德伦理的修养、科学知识的修养、心理性格的修养、文化艺术的修养、生命关怀的修养，仍然是新时代提高女性素质的课题。

当今社会，女性被称为"半边天"，据第七次全国人口普查统计，至 2020 年 11 月 1 日，中国大陆总人口 141 178 万人，总人口性别比为 105.07：100（女性为 100）。可见，女性是一个庞大的社会群体。随着知识经济时代、智慧时代的到来，女性活跃在教育、医疗、科技、文化等领域中，成为推动社会发展不可忽视的力量。特别是在家庭中，女性大多成为家庭的"一把手"，相夫教子，理财持家。有人说，一个国家的竞争力说到底是母亲的竞争力，正是因为有千千万万优秀的母亲，培养了千千万万优秀的子女，从而带动了全民素养的提高。因此，有人说："一代好媳妇，三代好儿孙！"有专家说：推动摇篮的手是推动世界的手。优秀的母亲必定能培养出优秀的子女。为此，女性修养至关重要。

让我们共读女性修养的经典——《列女传》，以古鉴今，融合古今，批判继承，创新发展，从古人的智慧中汲取营养，领略女性修养之道。

西汉刘向撰写的《列女传》最为系统，最有思想内涵，也最具有价值，为此，在讲述女性修养之道时，我选择了这一经典作为文本。在写作此书时，为了丰富历史上的女性形象，也吸收了部分正史著作中的《列女传》的内容，如《后汉书·列女传》《晋书·列女传》等，并结合现代杰出女性的事迹进行阐述。

第一讲 《列女传》是中华女性的启蒙读物和修养经典

自古以来，我们都非常重视女性教育，在漫长的历史发展过程中，逐步形成了完善的教育体系。《列女传》在吸收前人成果的基础上，概括了女性修养的内容、范式和要克服的缺点，是女性教育的启蒙读本和修养经典。《列女传》是中国历史上第一部为妇女作传的专史，体现了对妇女"兴国显家"作用的充分肯定和高度重视。

一、中国古代先贤非常重视女性修养教育和提升

先秦对于女子教育的论述仅为只言片语，不成体系，自汉朝开始，出现了针对女子教育的专著。

《新书》（原名《贾谊新书》）是贾谊的文著汇集，其中关于女子教育部分，不仅强调了"礼"，而且主张女子应注重胎教，此书对后世影响很大。

东汉的班昭是我国历史上第一位女历史学家。十四岁嫁给同郡曹世叔为妻。曹世叔活泼粗犷，班昭则温柔细腻，夫妻两人夫唱妇随，生活十分美满。班昭是东汉史学家、文学家班彪的女儿，名昭，字惠班。她学问广博，天赋也高，是一个才华横溢的杰出女性。《列女传》有专题的记载，其事迹概括起来有如下几个方面：

一是富有才学。她的哥哥班固著《汉书》，没有来

得及写完就过世了。汉和帝便下令让班昭到东观藏书阁继续完成这部书的撰写。汉和帝很赏识她，多次征召她入宫，命令皇后以及各位贵人跟着她学习，号称"大家（gū）"。

二是通达事理。到邓太后临朝执政时，她参与商量政治大事。有一次，太后的哥哥大将邓骘因为母亲去世，上书请求辞官服丧，太后犹豫不决，征求班昭的意见。班昭于是上了一道奏章，说："在下私下想，太后亲身倡导了盛大的美德，使唐、虞时的政治更加兴隆。现在大将邓骘回家坚守忠孝之道，应当给予鼓励，如果拒不答应，将会影响到太后的名声。"太后听从了她的建议，答应了自己哥哥的请求。于是，邓骘回到了家乡尽孝。

三是擅长女性教育。她精心撰写了女性修养读物——《女诫》七篇，作为教导女儿的读本。《女诫》的内容，分别是《卑弱第一》《夫妇第二》《敬慎第三》《妇行第四》《专心第五》《曲从第六》《和叔妹第七》，其中《妇行第四》概括了"妇德、妇言、妇容、妇功"，对女性的品质、仪容、言谈举止作出了规范。班昭提出妇女四种行为标准："清闲贞静，守节整齐，行己有耻，动静有法，是谓妇德；择辞而说，不道恶语，时然后言，不厌于人，是谓妇言；盥浣尘秽，服饰鲜洁，沐浴以时，身不垢辱，是谓妇容；专心纺绩，不好戏笑，洁斋酒食，以奉宾客，是谓妇功。"班昭认为：妇女的品德，不一定非得才智聪明、卓绝奇特；妇女的言语，不一定非得能言善辩；妇女的姿容，不一定非得美丽动人；妇女的功课，不一定非得精工巧妙、超过他人。清静悠闲贞洁宁静，坚持操守坚定不移，一行一止避开耻辱，一动一静符合法度，这就叫妇女的品德。说话有所选择，不说人坏话，不讨人嫌，这就叫妇女的言语。洗漱掉尘劳污秽，服饰鲜明整洁，按时沐浴，身体保持清洁，这就叫妇女的姿容。专心纺织，不随意说笑，用清洁干净的酒食饭菜来招待宾客，这就叫妇女的功课。这四项，是女人的重要品格，因此，不能少了它们。只要用心去做，以上四项是可以做到的。班昭讲的妇行的四个方面，包括了品德修养、礼仪修养、才艺修养和语言沟通能力，是女性基本的素养，可以说，她是女性的"知心姐姐"。

班昭七十多岁去世，皇太后穿着素服表示哀悼，派使者监督维护丧事。她所写的赋、颂、铭、诔、问、注、哀辞、书、谕、上疏、遗令共十六篇，结集印刷。

班昭倡导的女性观念，成为中国古代妇女的行为准则，但《女诫》作为"女四书"之一，又极大地禁锢了女性的思想和自由，影响了中国历史一千多年。当今时代，我们要辩证地评价班昭及《女诫》，其强调女性也有受教育的权利是值得肯定的。

后来的《礼记·昏义》篇曰："教以妇德、妇言、妇容、妇功。"把妇德、妇言、妇容和妇功，作为"妇学"的四项教育内容，称之为"四教"，又叫"四行"。

汉代的辞赋大家蔡邕，给女儿蔡文姬写了一篇《女训》，告诫女儿面容的美丽固然重要，但在修饰面容的同时，千万不要忘记"修心"，要养成纯洁、平和、干净、柔顺、端正的心性。在父亲的教导下，蔡文姬成为古代四大才女之一，创作了《胡笳十八拍》《悲愤诗》等著名的诗歌。

到了唐代，文化趋向于开放、多元，此时涌现出了一大批关于女子教育的教材与读物。其中，以郑氏所著的《女孝经》及宋氏姊妹（宋若莘、宋若昭）所著的《女论语》为代表。

《女孝经》以《孝经》为蓝本，突出强调了礼教的核心——孝。孝行可分为两部分：一是出嫁前对自己父母长辈尽孝道，二是出嫁后对公婆行孝。与此同时，

《女孝经》没有简单重复妇德、妇言、妇容、妇功等内容，而是认为妇德之首是无妒忌，应当安贞柔顺却又敢于谏诤，侧重于贵族女子言行举止规范的教育，突出强调了女子的经史教育。同时，书法、音乐、绘画、佛学等亦是唐代女子家庭教育的组成部分。

《女论语》则是《女诫》的具体化、细节化。全书分为立身、学礼、早起、事父母、事舅姑、训男女、营家、待客、和柔、守节等十二章，将女子的行为规范事无巨细地一一列出：妇德包括修身、侍亲、侍夫、教子；妇功包括纺织、蚕织、缝补、浆洗等。《女论语》采用韵文的形式，四字一句，更为通俗易懂，因此更能为一般妇女所接受。

从此，女子教育不再局限于世家大族，而向各个阶层进行了一定程度的推广。

宋代女子教育多为对汉唐的继承，主张女子有妇德，同时也要求女子粗涉经史文章，甚至诗词歌赋、琴棋书画。宋代没有针对女子教育的专著，多包含在家训家规之内，如司马光的《温公家范》《涑水家仪》，及袁采的《袁氏世范》等。《涑水家仪》中除了强调妇德外，也规定了女童当与男童一样，七岁诵《论语》《孝经》，九岁扩及《列女传》《女诫》乃至《诗》《礼》等。

唐有诗，宋有词，宋代女性词文化的繁荣，是宋代女子文化教育较唐代普及的一个表现。《全宋词》中就收录有宋代 116 位女词人的 240 首佳作。其中最为家喻户晓的，当为女诗人李清照。

李清照出身于世家大族，父亲李格非精通经史，母亲王氏知书能文。18 岁嫁与赵明诚，俩人互敬互爱，共同研习，合著《金石录》。从李清照的身上可一窥宋代女子教育的情况。

明代，得益于印刷刻书业的兴旺发达，女子教育读物不仅大量出现，并在民间迅速普及，屡经翻刻重印，数量可观。

针对宫廷女子的读物，仁孝皇后徐氏撰有《内训》，解缙等编有《古今列女传》，章圣皇太后蒋氏撰有《女训》，慈圣太后李氏撰有《女鉴》。

其中，仁孝皇后的《内训》，将妇德概括为"女德有常，不逾贞信；妇德有常，不逾孝敬"，说明对女子的教育最看重的是"贞信"和"孝敬"。

针对普通女子的读物，王相之母刘氏撰《女范捷录》，吕近溪（即吕得胜）著《女小儿语》，吕坤著《闺

范》，温璜著《温氏母训》，徐士俊著《妇德四箴》，佚
名著《女儿经》，等等。

这些读物的大量出现，充分说明了明清时期女性教
育读物非常丰富，而且开始向下层妇女普及。

二、《列女传》的作者及主要内容

《列女传》是西汉刘向编撰的我国最早的一部妇女
专史和通史，是第一部为女性树碑立传的专著，也是第
一部全面系统地论述女性修养的经典。

刘向（约前79—前8年），本名更生，字子政，西
汉沛（今江苏省徐州市沛县）人。刘向是我国汉代文学
史上卓有成就的大家。史学家班固在《汉书·楚元王
传》曾称赞他："博物洽闻，通达古今，其言有补于
世。"刘向一生著述丰富，比较有影响的著作有《说苑》
《新序》《列女传》。《列女传》分为母仪传、贤明传、仁
智传、贞顺传、节义传、辩通传、孽嬖传共七部分，主
张女子母仪、贤明、仁智、贞顺、节义、辩通，反对女
子孽嬖。

```
                                       ┌─ 卷之一：母仪传
                                       │
                                       ├─ 卷之二：贤明传
                                       │
                                       ├─ 卷之三：仁智传
                                       │
            刘向《列女传》──────────────┼─ 卷之四：贞顺传
            主要内容                    │
                                       ├─ 卷之五：节义传
                                       │
                                       ├─ 卷之六：辩通传
                                       │
                                       └─ 卷之七：孽嬖传
```

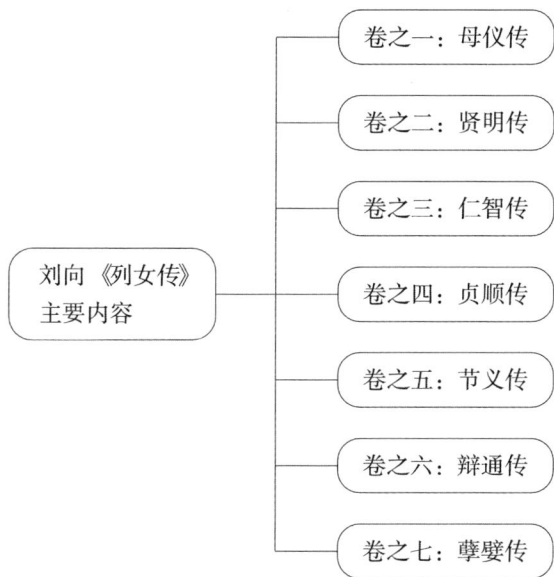

（一）《卷之一·母仪传》

此卷记载了历史上十四位杰出母亲的事迹。

母亲承担着教育培养子女的重任，母亲是孩子最亲近的人，可以说，有什么样的母亲就有什么样的孩子。《列女传》所记载的十四位杰出的母亲，有品德纯正、处事诚实的帝尧二女，有性情清净专一的姜嫄，有仁厚守礼的简狄，有通晓事理的定姜，有居安思危的傅母，有博通达礼的敬姜，有教化善导的孟母，有慈惠仁义的魏芒慈母，有清正廉洁的齐田稷母等，这些母亲都以自己的言行为子女作了榜样和示范。在这些母亲中，有几位尤为突出。

第一位是懂得胎教的母亲。周文王的母亲太任，她嫁给王季为妃，性情端庄，遵循德行。怀孕之后，她不看邪恶的颜色，不听浮靡的音乐，不大声说话，很注意胎教。文王生下来就聪明伶俐，对太任的训教样样触类旁通，闻一知十。太任可能是中国最早倡导胎教的人。刘向说：古时妇女怀孕，睡觉不斜侧，坐席不靠边，不吃有异味的东西，眼不看邪恶之色，耳不听浮靡之声，夜里让乐官吟诵诗歌，讲说正声。这样生下来的孩子就会形容端庄，才貌过人。所以怀孕的时候，妇女必须注意与外界的接触，感触善，拒绝恶。人生下来，形象、声音同某种事物相像，都是母亲感受的结果。胎教已经被现代医学证明是必要的和重要的。孕妇的营养、情绪和对外界的感知，对婴儿具有直接的影响，关系到婴儿的健康成长，为此，孕期教育已经被纳入儿童早期教育的重要内容。

我们把妻子称为"太太"，这一称呼来自"周室三母"，《母仪传》说："三母者，太姜、太任、太姒。"太姜是王季的母亲，太任是文王的母亲，太姒是武王的母亲，周室的这三位母亲都是"贤内助"，是丈夫的知心朋友、得力助手，又是子女的慈母良师，她们善于慈严结合、养育结合、德才结合，培养子女独立成才。因此，"太太"有高大、泰然的内涵，是对母亲和妻子的尊称，妻子为"太太"，母亲为"老太太"。

第二位是善于言传身教的敬姜。 有一次，儿子文伯外出游学回家，敬姜看见他的朋友陪他进入堂屋之后，从后面的台阶侧退着走下，对他奉剑而立。敬姜斥责他说："你年纪小，职位低，交往的却是一些为你服役的人，这样下去哪会有长进。"文伯听后认错，选择严师贤友加以事奉，与一些德高望重的长者交往。对他们，文伯整衣卷袖，亲自馈送食物。后来，文伯出任鲁国宰相，奉劝敬姜不要从事纺织的劳作，敬姜说："夫民劳则思，思则善心生；逸则淫，淫则忘善；忘善则恶心生。沃土之民不材，淫也。瘠土之民，莫不向义，劳也。"意思是：民众劳苦则思考，思考则产生善良之心；安逸则浮渲，浮渲则不会有善良之心。沃土上的民众难于成器，是由于渲逸；瘠土上的民众崇尚德义，是由于勤劳。文伯听了敬姜的教导后对工作更加勤勉。

第三位是注重环境育人的孟母。 "孟母三迁"是大家熟知的故事。孟轲的母亲深知环境对人的影响，儿童处于人生观和生活习惯的可塑期，模仿能力强，营造一个良好的环境对儿童的成长至关重要。小的时候，孟轲的住房靠近墓地。孟轲爱做些筑基埋棺的游戏。孟母说："这里不适合儿子居住。"于是，他们搬到了一个市场附近，孟轲又常常模仿商人高声叫卖。孟母觉得不安，又迁居到一所学校旁边，孟轲在日常生活中学习了揖让进退的礼仪。孟母认为此处才是适合居住的地方，于是定居下来。孟轲长大后，学习六艺，终于成为儒学大师。

第四位是清正廉洁的田稷之母。田稷担任了齐国的宰相，曾接受下属官吏贿赂的百锭金子，田稷将金子送给了自己的母亲。他母亲问道："这钱财是从别的士大夫那里得来的吗？"田稷回答："确是接受下面的贿赂得来的。"他母亲说："我听说士应当修饰自己，使行为高洁，不苟且贪求，应充分表露真情实感，说话办事不虚伪欺诈，心里不想不义的事，家中不收无理的利。现在国君授予你官职，发给丰厚的俸禄供养你，你本应用自己的言行来报答国君。眼下你却不是这样，不义之财不是我应有的，不孝之子不是我的儿子。"田稷心中惭愧，把金子退还给下属官吏，主动向齐宣王检讨。假如田稷之母鼓励、默许了儿子的贪婪，田稷很可能会变成一个大贪官。

（二）《卷之二·贤明传》

此卷讲述了十五位杰出女性的事迹。

贤，是指贤惠，通达事理；明，是指明辨是非，富有远见。在这一卷里，有怀家国之情的周南之妻，有处事真诚守信的卫姬，有举贤谦让的樊妃，有为人温和恭谨的赵姬，有知荣明辱的柳下惠之妻，有聪慧善良的齐相御妻，有果断坚定的老莱子妻，有匡正丈夫的御者之妻等。其中有三位可以称为贤明的代表：

一是富有家国情怀的周南之妻。周南大夫奉命治水，过了预定的时间未回家。周南之妻担心他对国家的政事有所懈怠，就托邻人转告丈夫：国家多难，应尽力而为，不能遭人指责和怨怼，给父母带来忧愁，并写了一首《鲂鱼》诗寄给丈夫："鲂鱼劳累尾巴红，王室朝政如火焚。虽然暴政如火焚，家人很近快回家。"诗大意为："鲂鱼尾巴红闪闪，王室多难世道艰。虽然多难世道艰，家中父母应顾念。"周南之妻告诫丈夫治水勿懈怠，自己会悉心照顾好二老，让其无后顾之忧。

二是贤明而又有文采的柳下惠之妻。大家熟知的

"坐怀不乱"这个典故就是讲柳下惠。柳下惠能够"坐怀不乱",其实与他有一个贤妻是分不开的。柳下惠是鲁国的大夫,虽三次被贬,但他一直没有离开鲁国,时时为民分忧,并设法消除他们的危难。柳下惠的妻子说:"君子有两种耻辱:国家没有德政,自己却很显贵,这是耻辱;国家实行德政,自己却很贫贱,也是耻辱。现在世道混乱,三次被贬还不离去,这也是接近耻辱的事情。"柳下惠说:"众多百姓将要遭受祸患,我怎能离去呢?况且他是他,我是我,即使赤身裸体又怎么会玷污我呢?"柳下惠依旧和悦恭敬地同他人相处,担任着低下的官职。柳下惠死后,门生们想为他撰写悼词,柳下惠的妻子说:"追述夫子的德行,你们都不如我了解他。"于是,她便执笔写道:"夫子之不伐兮,夫子之不竭兮,夫子之信诚而与人无害兮。屈柔从俗,不强察兮。蒙耻救民,德弥大兮……"意思是:夫子不自我夸耀,夫子品德高尚,夫子诚实讲信用,不怀贼心与人交,屈身和柔从俗行,不强使己为纯情,蒙受耻辱救民众,品德更高人之称……柳下惠的妻子在悼词中赞扬了丈夫忍辱负重、一心为民的品德,可以说知夫莫若妻。

三是用道义匡正夫君的晏子车夫之妻。有一次,车

夫之妻看到丈夫为晏子驾车，靠着车篷，赶着马，得意
洋洋。车夫回家后，其妻子说："说你卑贱低下，真的一
点不错！"车夫不解地问："什么意思？"她说："晏子身
高不到六尺，担任宰相，在诸侯中威名大震。刚才我从
门后观察他的神色气度，一副恭谦温和、深谋远虑的样
子。你身高八尺，却趾高气扬。因此我要离你而去。"车
夫连忙道歉："我请求改正。"车夫妻子说："为人宁可
光荣行义而身份低贱，也不能处事虚骄而地位显贵。"
于是，车夫深深自责，从此举止谦逊。晏子发现车夫的
仪态发生了变化，询问其中缘故，车夫把事情的经过一
五一十地讲了出来。晏子认为他能够听从善言，改正错
误，很有贤才，便把他举荐给齐景公，用为大夫。

这个故事说明，我们身边的人是最了解自己的人，
身边的人批评了自己，一定要改正过错才能完善人格。
晏子车夫的妻子聪慧善良，使车夫由骄变恭，这说明了
"亲贤夫祸少"之道理。

（三）《卷之三·仁智传》

此卷也记载十五个杰出女性的事迹。

仁，是指女性的品德修养，即仁爱、慈悲。智，是
指女性的才艺修养，指智慧、智力。仁智讲的是德才兼

备。德是才的灵魂，也是才的基础，有才无德对社会造成的危害更大，因此，要以德率才，但有德而无才，会碌碌无为，德也不能得到彰显。在这一卷里，有通晓天道的楚武邓曼，有仁德善良的孙叔敖母，有深谋远虑的鲁漆室女，有知人善任的赵括之母等。这一卷最为突出的人物有如下两个：

一是通晓天道的楚武王的夫人邓曼。武王派莫敖为将，攻打罗国，莫敖受命统兵出发。大夫斗（dǒu，姓氏）伯比对他的车夫说："莫敖肯定要失败。走路时脚抬得很高，内心浮动。"他又向武王进言："一定要增派军队。"武王把这件事告诉夫人邓曼，邓曼说："大夫的意思不是指人数众多，而是指君王要以信用来镇服百姓，以仁德来训诫百官，以刑法来慑服莫敖。莫敖已被蒲骚之战的胜利冲昏头脑，将会自以为是，轻视罗国。君王如果不加督察，必将失败。"于是，武王马上派人追赶莫敖加以警戒，可惜没有追上。果然，不出邓曼所料，楚国大败。邓曼明白事理，善于识人，料事如神。

二是深谋远虑的鲁漆室女。鲁国漆室这个地方有一位庶民的女儿，年纪较大，还未出嫁。当时，穆公年老子幼。有一天漆室女靠着柱子发出悲伤的长啸，旁人听了，莫不悲伤。她的一位邻居妇人过来安慰她，问："你为何这么悲伤，是否担心嫁不出去，我一定会帮助你物色好人家的。"漆室女说："我以为你很了解我，看来你是缺乏远见卓识，我是担忧国家的君王已老而太子太小。"邻居嘲笑她说："这是鲁国大夫应担忧之事，与妇人有何干系？"漆室女说："你的看法是不对的。"于是，漆室女列举了她经历的两件事：第一件事，晋国的客人在她家借宿，他的马拴在她家园子里，结果马挣脱了缰绳，将她园中的葵花全糟蹋了。因此她家一年都没能吃上葵花籽。第二件事，邻居家有个女孩跟人私奔，女孩家人请漆室女的哥哥帮忙追堵拦截，正好碰上多日大雨而河水猛涨，她的哥哥不幸溺水身亡。最后她说："如果鲁国出了问题，我们国家的君臣、父子都要受侮辱，难道我们女性能有地方躲避而免受侮辱吗？"邻妇感叹地说："你真的是深谋远虑啊！我不如你。"三年以后，鲁国果然大乱，齐国、楚国攻打鲁国，鲁国连年征战，民不聊生。君子曰："漆室女真是有远见。"《诗经》云："知我者，谓我心忧；不知我者，谓我何求。"

（四）《卷之四·贞顺传》与《卷之五·节义传》

这两卷分别记载了十五位杰出女性的事迹。

贞，指坚贞、忠诚、贞正。顺，指柔顺，这两卷主要讲女性的节操，带有封建的成分，与时代的发展不相吻合，这里不作阐述。

（五）《卷之六·辩通传》

此卷同样记载了十五位杰出女性的事迹。

辩，指能言善辩、伶牙俐齿、善于表达。通，指通情达理、善于沟通。辩通，其实是今天所说的"高情商"，即较强的情感感知能力、应变能力、意志力，这是积极的心态和乐观的情绪。这一卷讲述的有善于察言观色的管仲妻婧，有见微知著的江乙之母，有善言辞使父免罪的齐伤槐女，有能言善辩的楚野辩女，有通情达理的赵津女娟，有心正而有辞辩的齐钟离春，有正直自守的楚处庄侄等，她们的杰出事迹在本书"心理性格修养"中进行了讲述，这里不举例。

（六）《卷之七·孽嬖传》

这一卷列举了十五个反面的典型，大致上是指搬弄是非、陷害他人、贪婪凶残等女性。她们包括夏桀妹喜、殷纣妲己、周幽褒姒、卫宣公姜、晋献骊姬等。刘向认为"红颜祸水"，把王朝的兴亡归结于后宫女子干政。其实，关键原因还是君王的昏庸，不能把责任全推到女性身上。当然，这些不良的品性是应该加以警戒的。

三、《列女传》的当代价值及历史局限性

《列女传》总结和汲取了中华传统文化思想，在今天仍具有思想、道德和文化价值，但《列女传》毕竟是封建时代的产物，自然也存在一定的历史局限性。首先，让我们看看其在当代的价值。

（一）把女性修养提高到关系国家兴亡的高度去认识

女性作为占人口近一半的群体，在创造人类文明、推动社会进步中发挥着重要的作用。在人类人口的再生产中，女性更具有特殊的价值，发挥着特殊的贡献。但在以宗法制度为核心，以父系家庭为细胞的封建社会中，男尊女卑的观念占主导地位，女性的地位、作用被忽视，女性的人格也不被尊重，反映在史学上，就是轻视和忽视对杰出女性的记载。在中国的经典作品中，只有零量的记述。刘向的《列女传》最早为女性立传，并形成比较系统的体系。刘向充分地肯定妇女的作用，他在《仁智传》"魏曲沃负"中说："夏之兴也以涂山，亡也以末喜。殷之兴也以有蝾，亡也以妲己。周之兴也以太姒，亡也以褒姒。"他高度颂扬女性的家国情怀，赞扬了鲁

漆室女等关心国家命运的下层女子，在《节义传》"鲁义姑姊"中说："虽在匹妇，国犹赖之。"近代革命家秋瑾曾以鲁漆室女自觉，在《杞人忧》一诗中云："幽燕烽火几时收，闻道中洋战未休。漆室空怀忧国恨，难将巾帼易兜鍪。"在今天知识经济时代，那种依靠体力创造财富的状况已经大为改变，女性在许多领域都可以发挥其特殊的才干，可见，刘向对女性作用的看法是具有前瞻性和富有远见的，当今时代不乏千千万万的"鲁漆室女"。

（二）强调女性修养要以道德为首的观念

修养，最重要的是修心、养性，也就是人品、人格的培养。《列女传》通篇贯穿的一条主线是女德的修养，概括起来就是对国忠、对夫贤、对父孝、对邻里和亲友和，主张贤明、仁智、贞顺、节义。刘向在《列女传》中颂扬了重义轻利、勇敢精一的女性，如宋恭伯姬不肯避火，楚昭贞姜处约守信。在刘向的笔下，不少女子有胆有识、敢爱敢恨、敢作敢当、刚强义烈、富有个性，如不为利动的息君夫人。刘向主张"妇人以色亲，以德固"，对于美于色而薄于德的女子深恶痛绝。妹喜、妲己貌美无德而致国亡，钟离春、宿瘤女貌丑有德而使齐治。《列女传》认为女性要美容更要修德。一个人的美丽，应该是由内而外、内外兼修的。相由心生，乐观的心态、良好的情绪、丰富的知识不但可以改变一个人的气质，也会影响人的外貌。女性的修养不能只重外表而轻内在，内外兼修才是科学的途径。很可惜，有的人对增强自己的魅力产生了认识上的误区，片面地追求美容，而忽视了内在的修行，有的人试图通过整容改变人生际遇，但过度的整容却伤害了自己。

如果说女子仅仅靠化妆、打扮、整容来美化自己，则只是对美丽最肤浅的解读。如果说，美丽的容颜是挂在墙上的一幅画，那么，随着时间的流逝，再精致的画也会褪色，而由内向外的修养，则像一坛陈年的老酒，历久弥香。

（三）强调德慧双修的修养方法

刘向并不认同"女子无才便是德"的观点，他在《列女传》中专门把《贤明传》放在《仁智传》之前，对于女性的才智修养看得很重，既重"贤"，也重"智"，对于有才华的女性给予赞赏。其他史书中对有才华的女性也是高度地夸奖。例如：

一个是东汉末年的才女蔡文姬。《后汉书·列女传》

记载：蔡文姬是陈留人董祀的妻子、蔡邕的女儿，坊间流传许多与她有关的故事：

蔡文姬博学多才，精通音律。她先是嫁给了河东人卫仲道为妻，不久丈夫因病去世，蔡文姬因未育孩子，便回到家中。兴平年间，天下动乱，蔡文姬被匈奴的骑兵俘虏，被逼嫁给了匈奴的左贤王，在外生活了二十年。曹操一向与蔡邕交好，后来派遣使节用金银玉璧赎她回故乡，蔡文姬为此写下了著名的《胡笳十八拍》。

蔡文姬是一个有胆识、善于言辞的人。回乡后，她嫁给了董祀为妻。董祀做屯田都尉时，犯了法被判死刑，蔡文姬去找曹操求情。当时公卿名士、远方使节坐了满满一屋子，曹操对客人们说："蔡邕的女儿在外边，现在让各位见见她。"蔡文姬进来时，头发蓬乱，叩头请罪，言辞动听，感情悲哀，众人都被感动得变了脸色。曹操说："我的确很同情你，但是文书状子已经发下去了，怎么办？"文姬说："您马厩里有上万匹马，如虎一般勇猛的兵士像树林一样多，为什么怜惜一匹马的坏腿，却不去救一条快要死的生命呢？"曹操被她的话打动了，于是派人追回状子并赦免了董祀的罪。

蔡文姬还是一个记忆力超群的人。曹操说："听说夫人家里从前有很多古书，还能记住它们的内容吗？"蔡文姬说："从前我死去的父亲赐给我四千多卷书，流离涂炭，没有保存下来的了。现在能够背诵的，只有四百多篇了。"曹操说："现在我让十名官吏跟夫人把它们记录下来。"蔡文姬说："我听说男女有别，按照礼制不应该当面传授。请提供纸笔，用楷书还是用草书就请您吩咐了。"于是，蔡文姬缮写出来，文字没有遗漏错误的，能记住四百多篇名著，确实难得。

还有一个是东晋才女谢道韫。《晋书·列女传》记载：谢道韫是王凝之的妻子、安西将军谢奕的女儿，聪明有见识，善于言辞。

谢道韫善于赋诗。她的叔父谢安有一次问她："《毛诗》里哪句最好？"谢道韫说："吉甫作颂，像清风一样和穆。仲山甫咏怀，用来慰心绪。"谢安说她对赋诗有文人雅士般浓厚的兴致。又有一次家人聚会，不一会儿下起大雪来，谢安请大家用诗描述这一景象，谢安哥哥的儿子谢朗说："撒盐空中差可拟。"谢道韫说："未若柳絮因风起。"谢安听了认为谢道韫的诗意境界略胜一筹。

谢道韫沉着勇敢。谢道韫遭逢孙恩叛乱的灾难时，她举止自如，听到丈夫和几个儿子都被贼人杀害后，拿了刀子出门，乱兵到来时，她奋勇杀敌，最后不敌才被俘获。

谢道韫机智善辩。她被捕时，外孙刘涛才几岁，贼人想杀害他，谢道韫说："事情是王家的，跟别的家族有什么关系！一定要这样，不如先杀了我。"孙恩虽然狠毒暴虐，却也被她说动了心，最后没有杀害刘涛。

太守刘柳听说她的大名前来拜访，经过一番交谈后，刘柳感叹说："实在是没有见过这样的人，言辞理据都非常流畅，让人发自内心地佩服。"

（四）强调女性要注重心理修养

女性相对于男性感情较为细腻、丰富，因而更为感性，也更加善解人意、善于沟通，刘向为此专门写了《辩通传》，记载了善于表达、沟通，善于管理情绪的女性，这种女性特质过去往往为人们所忽略。刘向在《列女传》中，记载了许多具有勇敢、坚强、豁达等品质的女性。在《辩通传》的第一篇记载了"齐管妻婧"的事迹。如：

　　齐国宰相管仲的妻子叫婧。宁戚想进见桓公，苦于无人引荐，便去做人家的仆从，赶着车，住宿在齐都东门外。管仲陪着桓公从城门出来，宁戚敲击牛角，用商声唱起歌，沉郁悲凉。桓公感到奇怪，就让管仲去迎请他。宁戚对管仲说："浩浩荡荡啊，白水！"管仲不知何意，五天没上朝，面带忧愁之色。

　　婧问道："您已经五天没上朝了，而且面带忧愁之色，敢问是为国家的事，还是为自己的事？"管仲说："这不是你能解决的。"婧说："我曾听说，不因老人年老，贱人低微，小孩年少，弱者瘦弱就可以轻视。"管仲问："什么意思？"婧答道："以前太公望 70 岁在朝歌市场上宰牛卖肉，80 岁成为天子的老师，90 岁被封为齐国诸侯。由此看来，老人就可以因年老而予以轻视吗？伊尹本是媵氏的奴仆，商汤让他位居三公之列，使天下大治，社会太平。由此看来，能因人的低贱而轻视吗？……"听了婧的一席话，管仲连忙向婧道歉，并把原委告诉了婧。婧笑道："人家已经告诉你了，古时有一首《白水》诗，诗云：'浩浩荡荡的白水，鳞光灿灿的大鱼。君王前来召请我，什么事情要我去？国家未明说用我，让我随你到哪里？'这表明宁戚想在朝中做官。"管仲十分高兴，把此事奏报桓公。桓公为此斋戒五天，召见宁戚，委以辅佐大臣一职，齐国大治。

从这个故事中可以看到，婧知识广博，善于听言辨意，准确地判断他人的意图，更为可贵的是她有科学的思维方式，不以高低贵贱取人，善于察言观色，解夫君之忧。

当然，《列女传》是时代的产物，必然有其历史的局限性。如提倡"从一而终"的节操观，过分从生理上、生命上强调女性的卑弱，片面地把王朝的灭亡归咎于女性的影响等，我们读《列女传》要对其思想进行扬弃，取其精华，抛弃当中的封建糟粕，并根据时代的要求赋予新的内涵。

第二讲　女性修养的重要性

刘向在《列女传·小序》中强调了女性修养的意义，他说："惟若母仪，贤圣有智，行为仪表，言则中义。胎养子孙，以渐教化，既成以德，致其功业。"又说："惟若贤明，廉政以方。动作有节，言成文章。咸晓事理，知世纪纲。循法兴居，终日无殃。"刘向在这里讲到女性的贤明，对子孙可以成就其功业，对家庭可以远祸得福，吉祥平安。

2018 年 11 月 2 日，习近平总书记与全国妇联新一届领导班子集体谈话时指出："做好党的妇女工作，关系到团结凝聚占我国人口半数的妇女，关系到为党和人民事业发展提供强大力量。"习近平总书记要求："要坚持以社会主义核心价值观为统领，引导妇女既要爱小家，也要爱国家，带领家庭成员共同升华爱国爱家的家国情怀、建设相亲相爱的家庭关系、弘扬向上向善的家庭美德、体现共建共享的家庭追求，在促进家庭和睦、亲人相爱、下一代健康成长、老年人老有所养等方面发挥优势、担起责任。"习近平总书记的这段论述，指出了女性在家庭、社会中的地位，也指出了女性在政治方面要有家国情怀，在家庭方面要相亲相爱，在道德方面要向上向善等方面的修养。进入新时代，女性修养意义重大，主要体现在如下几个方面：

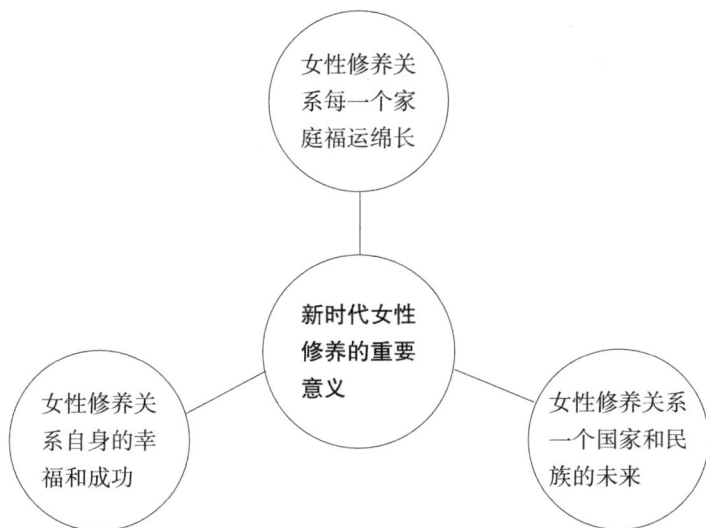

一、女性修养关系自身的幸福和成功

一个人的修养，往往是从他的价值观、世界观、人生观和为人处世的态度，以及在科学艺术等领域的水平造诣中反映出来的。它是一个人综合能力与素质的体现，也是人格魅力的基础，女性与男性一样，个人修养非常重要。

修养是女性保持恒久魅力的基础。一个人的魅力从表到里，来自四方面：品格、能力、外貌、性格，这既是识人之法，也是修养之途。我们认识、评价一个人，往往始于仪表，敬于品格、才华，终于性格，也即貌、德、才和性情。这四者都与人的修养有关。

女性的外貌美给人以良好的第一印象。宋玉在《神女赋》描绘的美女的形态如下：

一是面貌丰盈，脸色神态温润如玉，"貌丰盈以庄姝兮，苞温润之玉颜"。

二是眼睛明亮，"眸子炯其精朗兮，瞭多美而可视"。《诗经·硕人》云："手如柔荑，肤如凝脂，领如蝤蛴，齿如瓠犀，螓首蛾眉，巧笑倩兮，美目盼兮。"这是卫人赞美卫庄公夫人庄姜的诗，描绘了她的形体之美。柔荑，白茅的幼苗，借指女子的手。蝤蛴，天牛的幼虫，色白细长。瓠犀，葫芦籽，色白，排列整齐。螓，虫名，似蝉而小，它的额头宽大方正。倩，嘴角间好看的样子。意为手指纤纤如嫩荑，皮肤白皙如凝脂，美丽脖颈像蝤蛴，牙如瓠籽白又齐，额头方正眉弯细，微微一笑动人心，美目顾盼摄人魂。

三是身材尚颀长。《诗经·硕人》云："硕人其颀，衣锦褧衣。"硕：高大，其颀：身材修长的样子。一个修美的女郎，穿着麻衣罩衫，锦绣裳。

古代认为美女的形象：手长得像茅草刚刚生出的嫩芽，柔软而修长；皮肤要白，有质感，细腻、润泽；脖子要颀长、丰润；牙齿要洁白、小巧，排列整齐；额头要方而广；眉毛如蛾、又长又弯。

外貌对一个女性来说，无疑是很重要的，但谁也无法抗拒岁月留下的痕迹，青春和美貌不会永存，只有高远的志向、高尚的品德、高雅的文化能赋予女性恒久的魅力。容貌可以让人美丽一时，但修养却可以使女性雅致一世。

一个有品位的女性在于秀外慧中的外表与内涵。那么，品位从哪里来？有人说有钱就有品位，其实未必。我们见过很多有钱的女性虽然穿得花枝招展，但好像并不那么有品位。可见，有气质、有修养、有学识才是真正有品位。

一个有修养的女性不但具有端庄的仪容，而且表现为有高尚的美德、纯洁的节操、贤惠的性格。一个女性的恒久魅力，不仅是外貌，还在于心地善良、知书达礼、善于沟通，在于有胆识、学识、见识，在于为国家、为人民建功立业。

作为一个女性，如果没有内在的美，外在的美是不能显现的。因为真正的美必须是养于内而形于外的。

女性的魅力绝不仅在于美貌，还在于精神、人品和性格，即女性内在气质的美。气质美与外貌美是相辅相成的。《列女传》很少记载外貌很美的女人，而大量记载品德、才华出众的女性。气质美看似无形，实则有形，它是通过一个人对待生活的态度、个性特征、言语行为表现出来的。女性独具的气质，涉及她深层的品质，带有一种原生力和亲切力，可以净化心灵、温暖人心。

女性的精神、品行、学识之美，可以赋予人们无可比拟的魅力。美貌随着时光终会消逝，而人气质的美却会与日俱增。为此，充实自己的内心世界，提高思想修养和文化素质，可以升华女性的气质，增强恒久的魅力。

女性的魅力来自内在修养，内在的涵养外发为气质，就产生了无法忽视甚至是震慑他人的力量。《后汉书》记载了汉明帝马皇后所穿衣服，布料既不精良，做工也不考究。马皇后常常穿着粗糙厚实的外衣，裙子边都卷起，但在初一、十五等后宫众人聚集的日子里，她虽袍衣粗疏，却让人觉得端庄大方，气质不凡。马皇后的气质让她穿什么都显得卓尔不群，散发出强大的气场——从容、大气、悠远。范晔曾对此作了描写："既正位宫

闱，愈自谦肃。身长七尺二寸，方口，美发。能诵
《易》，好读《春秋》《楚辞》，尤善《周官》《董仲舒
书》。常衣大练，裙不加缘。朔望诸姬主朝请，望见后袍
衣疏粗，反以为绮縠，就视，乃笑。后辞曰：'此缯特宜
染色，故用之耳。'六宫莫不叹息。"马皇后经常诵读经
典，正所谓"腹有诗书气自华"，而显得有气质、气势。

《世说新语》的《贤媛》篇有一则记载女性以气质
产生震慑力量的故事：

贾充的前妻李氏，是魏中书令李丰的女儿。在司马
懿和曹爽争夺权位的过程中，李丰跟随曹爽，后来曹爽
被杀，李丰也被司马懿所杀。李氏虽然已是出嫁女，但
也受到牵连，被勒令离婚并流放，贾充很快续娶郭氏。
后来李氏遇赦回家，晋武帝特令贾充置左右夫人，李氏
不愿意住在贾府，于是住在别院。郭氏对贾充说："她
想去看看李氏。"贾充说："她性格刚强正直，很有才
华，你不如不去。"郭氏看不起李氏，想摆摆自己的威
风，把自己打扮得特别华贵，还带着一群侍从和婢女，
以壮声势。郭氏刚进李氏大门，李氏出来迎接，举止端
庄，气度震慑了郭氏，郭氏竟然不知不觉地跪下行礼。

李氏的品格和才气，产生了震慑的力量，使郭氏外在的美丽及威仪瞬间失去力量和光芒。

古人云："男子失教必愚顽，女子失教定粗鲁。"一个女人只有漂亮的脸蛋是远远不够的，她要给自己加入丰富的内涵，努力学习，不断地充实自己，不断地在精神上有所进取，从学识、品德、心性等方面的修养上下功夫。只有修炼成德才兼优的女性，才能成为最具魅力的女性。

二、女性修养关系每一个家庭福运绵长

当今社会，在许多家庭里，女性成为家中的重要角色，在持家、兴家中发挥着重要的作用。

女性作为妻子，对丈夫的影响举足轻重。俗话说："妻贤夫少祸，夫宽妻多福。"古人云："妻贤夫自良。"

妻子贤惠，丈夫有"贤内助"，家庭和睦，丈夫没有后顾之忧，事业自然容易成功。这就是我们经常谈论的"成功的男人背后都有一个贤惠的女人"。

正所谓"贤妇令夫贵，恶妇令夫败"。对一个男人来说，选择了什么样的妻子对其人生、事业和幸福影响

巨大。

《列女传·仁智传》记载了"曹僖氏妻"的事迹：

曹僖氏妻，是曹国大夫僖负羁的妻子。晋国公子重耳逃亡途中经过曹国，曹恭公不给予礼遇。僖负羁的妻子对丈夫说："不了解儿子可以观察他的父亲，不了解君子可以观察他身边的人。我发现晋公子的三个随从气度不凡，都具备卿相的才能，晋公子一定会得到君位，如果他回到晋国，必然能在诸侯中称霸，并讨伐曾经对他无礼的国家，那时曹国肯定第一个倒霉。一旦曹国遇上灾祸，你也很难幸免。为何不早点向他致意呢？如果施以礼敬，日后定能避祸。"于是僖负羁给重耳送去一壶饭，上面放着玉璧。重耳收下那壶饭，退回了玉璧。

重耳回到晋国即位后，领兵攻打曹国，但在僖负羁住的里弄门刻石表彰僖负羁，不准士兵入内骚扰，曹国官民扶老携幼，纷纷到那里避乱。僖负羁的妻子具有远见，以贤避祸，保全了一家乃至许多国民的生命。

《志怪故事》中有一个贤妻教夫的故事：

　　宋朝时，潼州（今四川省绵阳市）有一个狱吏，名叫王藻，他每天回家必带回不少钱。一天，他的妻子证实了他在贪污受贿后，含着泪说："每日见你带回不少钱，我怀疑你在贪污受贿，你是用对犯人严刑逼供、屈打成招去弄钱的，今天我已得到证实。从今以后，我再也不愿看到你带回的那些昧心钱！"

　　王藻原以为自己每天都带钱回去，妻子一定会很高兴，会夸自己有能耐，没想到她品行这样高洁，这样深明大义、通情达理。听了妻子的这番话，他非常惭愧，拉着妻子的手说："贤妻，多亏你的提醒。我们还是去种田吧，监狱里的事我不干了。"夫妻俩商量后，将不义之财分给穷人，回到乡下耕地种粮，过着祥和、快乐的乡村生活。

　　妻子是离丈夫最近的人，适时的提醒、批评是一剂"清醒剂"，对丈夫的关爱莫过于及时地提醒他。这位古代贤妻不愿看到丈夫带回昧心钱，在今天仍有现实意义，堪称为人楷模。"以铜为镜，可以正衣冠，以人为镜，可以明得失。"以妻为镜，不仅可以知得失，更可以纯净心灵。当下有些贪官的妻子如果能像王藻之妻那样，淡泊名利、明察秋毫、及时纠错，那么，其丈夫就能及时改过，不会在错误的道路上越走越远。

女性作为母亲，其修养对子女的成长、成才起着决定性的作用。有人说：父亲决定了孩子能飞多高，母亲决定了孩子能走多远。

在家庭教育中，母亲担当了一个举足轻重的角色，母亲自身的修养，往往影响着孩子的品德和人格。国学大师南怀瑾先生说："母教才是天下文化教育的大教化事业。大至国家、民族，小至一个儿女，没有优良传统贤妻良母的教育基础，那就什么都免谈了！"教育学家苏霍姆林斯基在《家庭教育学》中说："孩子道德发展的源泉在于母亲的智慧、情感和内心的激情，人在自己的道德发展中变得如何，决定于有什么样的母亲。"一个人的品德如何决定了他是否能够在社会中立足，是否能够和人友好相处，是否可以在大是大非面前不犯原则性错误。良好的家教，使孩子脚踏实地、发愤图强、坚韧不拔、耐力悠长，人生之路自然可以走得更远一些。

在一个家庭中，母亲对孩子的成长和教育起着决定性作用。从担当的角色看，母亲角色持续的时间最长久，从孩子的出生到自己的生命的终结，母亲的角色一直持续，尽管在孩子成长的不同阶段，母亲角色的内涵会发生相应的变化，但是母亲角色对于孩子来说是不会改变的。弗洛伊德认为："受到母亲无限宠爱的人，一辈子都保持着征服者的感情，也就是保持着对成果的信心，在现实中也经常取得成功。"

北宋著名文学家苏轼的成功、成才与其贤母的教导分不开。

苏轼十岁时跟随母亲程夫人读书，读到《后汉书·范滂传》的时候，程夫人讲述范滂不畏强权、为民牺牲的故事。小苏轼大为感动，对母亲说："我将来要做范滂这样的人。"十岁的苏轼立志向范滂学习，要做正直廉洁、仁心爱民的人，从此之后的五十年里，无论得意失意，无论荒野庙堂，他都从未忘记。

苏轼在《记先夫人不残鸟雀》一文和《异鹊》诗中记叙道：

小时候自家的书房、院落中，竹柏丛生，杂花满院。美丽的桐花凤鸟三三两两飞聚于桐树上，与主人和睦相处，巢穴低得可随手拿到。邻里乡亲见状，惊叹不已。有一天，家中的一只花猫捕着了一只漂亮的桐花凤鸟，可怜的小鸟在猫的利爪下拼命挣扎着，发出凄厉的叫声。尽管有苏轼兄弟的救护，小鸟还是未能幸免，苏轼捧着血淋淋的小鸟不知所措。小伙伴中有的人吵着要把小鸟烤来吃。这时，程夫人来了，问明情况后，便教育他们说：做人要有仁爱宽厚之心，应该为小鸟疗伤、放飞。这件事让苏轼终生难忘。

苏轼一生仕途坎坷，落井下石的人数不胜数，可他记住母亲的教诲："做人要有仁爱宽厚之心。"他从未报复过谁，那些伤害他的人，他也选择一笑置之，宽容原谅。

正因为苏轼母亲的仁爱宽厚、刚毅勤劳，使苏轼养成了良好的品格，不但为官正直清正，而且在文学上作出了巨大的贡献。

教育好一个孩子，单靠学校是远远不够的，父亲和母亲才是影响孩子一生的人。而在家庭教育中，父亲和母亲都不可或缺，少了哪一方都可能造成孩子成长的失衡。而在现代社会，母亲则是子女教育的主要实施者和管理者，女性素质和知识水平高低直接影响下一代人的成长。《增广贤文》说："好臣一国之宝，好妇一家之珍。"

所以，每一位父亲和母亲，都要发挥自己的优势，在自己擅长的地方，给孩子最好的教育。只有这样，才能让孩子全面发展，既能飞得高，也能飞得远，迎来幸福人生。

三、女性修养关系一个国家和民族的未来

女性是一个庞大的社会群体。从男女比例看，男性略高于女性，女性是名副其实的"半边天"。现在流行一些说法："一个民族的竞争说到底是母亲的竞争"或"一个民族的较量就是母亲的较量"，比尔·盖茨也说过："两个民族的竞争说穿了是两位母亲的竞争。"这一方面是在强调社会要更加尊重女性，另一方面也说明女性角色的重要性。母亲承担着相夫教子的重任，子女的素质在很大程度上取决于母亲的教育。随着科技的进步和发展，人们的生产方式从繁重的体力劳动中解放出来，女性与男性在就业上的差异在缩小，女性在科技、教育、文化等领域发挥着重要的作用，当今社会的各个行业都可以看到女性的身影，女性对国家的发展和民族的未来起着举足轻重的作用。

2016 年，全球战略方案咨询公司就两性职场进行调查，结果显示，中国女性就业率高达 73%，是全球女性就业率较高的国家之一，中国女性已经成为经济、社会发展的重要力量。特别是随着人工智能时代的到来，自动化、智能化将极大程度地将人从"力量需要"中拯救出来，就业对男女性别体力的要求差异将会缩小，未来社会分工可能对性别的要求也不会很明显，最终只有智慧、能力、性格、工作方式等方面的竞争。中国女性在很多方面都展现出她们的独特优势，她们的身份可以是母亲，也可以是教师、程序员，甚至是航天飞行员这种高难度的工种。

自古至今，涌现出不少巾帼不让须眉的女杰。如纺织业的"鼻祖"黄道婆，"唯用一好心"维护国家统一的冼夫人，近代还有"鉴湖女侠"秋瑾，坚贞不屈的共产党员赵一曼等。今天，杰出的女科学家、教育家、艺术家、作家更加不胜枚举。女性从家庭走向社会这个大舞台，发挥着越来越重要的作用，可见，女性素养的高低关系着一个国家、民族的未来。

第三讲 《列女传》提出了女性修养的
　　　　主要内容

中国古代把女性修养的内容概括为习女德、修女容、谨女言、勤女工，这四个方面反映了女性内在和外表的修养，概括了女性道德品格的修养、仪表仪容的修养、语言沟通的修养和学识能力的修养，体现了女性的心灵美、外貌美、语言美和才华美。

广东的客家女子以勤劳著称，旧时人们用"四头四尾"对客家妇女的品德作了生动描述，从一定程度上概括了中国女性的修养，这"四头四尾"指：一是田头地尾，这是说女性勤劳，善于耕田种地。二是家头教尾，尊师重教是客家人的一大传统，他们常说，"有子不读书，不如养头猪""不读诗书，有目无珠"。客家女性善于相夫教子，善于照顾一家老幼。三是灶头锅尾，这是指会烧饭煮菜，调制羹汤，审别五味，样样得心应手。四是针头线尾，是指对缝纫、刺绣、纺织、针线等女工，都能自己动手完成。"四头四尾"体现了女性勤劳能干的品质。

《列女传》则概括提出了女性修养的三大内容：道德品格修养、才艺学识修养、心理性格修养。下面是对这三大内容作的一些解读。

```
                                    ┌─── 孝敬
                          ┌─ 道德 ───┤
                          │  品格     ├─── 贤明
                          │  修养     │
                          │          ├─── 仁智
                          │          │
                          │          └─── 忠贞
                          │
                          │          ┌─── 有远见卓识
女性修养的 ────────────────┤  才艺 ───┤
 "三大内容"                │  学识     ├─── 有渊博学识
                          │  修养     │
                          │          ├─── 善吟咏作词
                          │          │
                          │          └─── 怀高超技艺
                          │
                          │          ┌─── 自信自强
                          └─ 心理 ───┤
                             性格     ├─── 沉着机智
                             修养     │
                                    └─── 宽宏大量
```

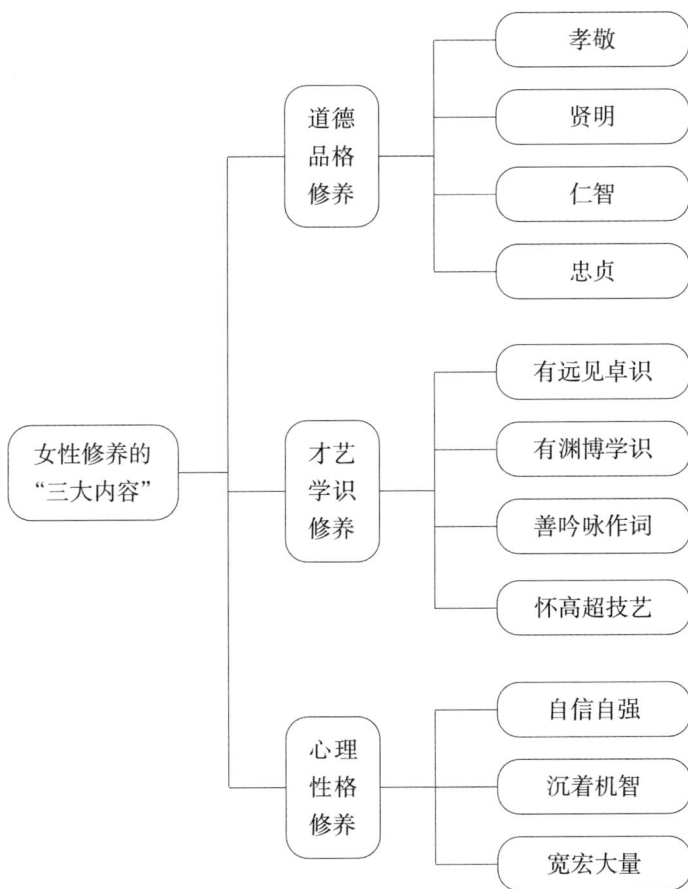

一、道德品格修养

习近平总书记在同全国妇联新一届领导班子谈话时指出："要引导妇女带动家庭成员，发扬尊老爱幼、男女平等、夫妻和睦、勤俭持家、邻里团结等中华传统美德。""要引导妇女发扬爱国奉献精神，自尊自信自立自强，以行动建设新时代，以奋斗创造美好生活，在祖国改革发展的伟大事业中实现自身发展，在人民创造历史的伟大奋斗中赢得出彩人生。"这段话指出了女性既要继承中华传统美德，又要弘扬时代精神，是新时代对女性的总体要求。

一个人长得貌美如花，可以一眼就看出来，而品格之美则似暗香浮动，需要靠涵养与修养方能呈现。有些人长得很美，但一开口，很俗气，很浅薄，顿时美丽即打折扣。

容颜可以修饰，但掩盖不了本色；气质可以塑造，但脱离不了本性。俗话说："相由心生。"一个人的内在素质、修养决定了一个人的外貌和形象。

英国著名演员奥黛丽·赫本曾在电影《罗马假日》扮演安妮公主，高贵迷人、从容优雅，被誉为"唯一可以盖过珠宝光芒"的女人，这不仅仅因其貌美，比她美的人很多；也不是因为有学识，比她学识高的比比皆是。但她用一生修炼自己的品德，她曾经说："若要优美的嘴唇，就要讲亲切的话；若要可爱的眼睛，就要看到别人的好处；若要苗条的身材，就要把你的食物分享给饥饿的人；若要美丽的秀发，在于每天有孩子的手指穿过它；若要优雅的姿态，走路时要记住行人不止你一个。"从这里可以看到她对他人的尊重、礼貌、关爱和无私。

一个女人真正的资本，不仅是美貌、金钱、学问，还包括心地和人品，也就是美德，这是不会随着岁月变迁而消失的精神财富和资本。

为此，《列女传》强调女性修养首要的是道德品质。

那么，女性品格修养的核心精神是什么？其核心精神首先是仁善。就是崇德向善、慈悲为怀，用"善"去对待他人、对待自然，处理好人与人、人与自然之间的关系，达到和谐的境界。善是由内而外的诠释，由己及人、为他人着想的自律，为他人方便的考虑，让他人舒适的情怀。有修养的人，内心一定会有风景，而善良就是其中最亮丽的风景。

其次是聪慧，就是通情达理。《列女传》讲述了编选该书的动机："一操可称，一艺可纪，咸皆撰录，为之传云。"意思是说，有一种操行可以赞扬的，有一种技艺值得记载的，都撰集记录，为之立传。

再次是从容不迫的女性礼仪。女性应温顺柔和，操守像风霜一样纯洁，言谈举止得体没有差错。

下面，按女子一生中扮演的不同角色，分别对女性的品德修养进行论述。

（一）孝敬

之所以把"孝敬"放在道德品质的第一位，是因为"孝道"是古代中国思想道德的核心内容之一。女性自出生始，先是身为人女，年岁渐长，才嫁作人妇，而后身为人母。女子行孝首先是爱亲，然后是尊长。古代的女子出嫁前，要孝敬自己的父母，出嫁后，要孝敬"舅姑"，亦即公公婆婆。

《孝经》认为孝道是天之经，地之义，民之行。孝道是天地之道，人伦之性。《孝经》对孝道的内涵作出了具体的规范，即"居则致其敬，养则致其乐，病则致其忧，丧则致其哀，祭则致其严"。

儒家在《论语》《礼记》等著作中，对如何行孝作出了具体的要求：

第一，指出"孝"有三个层次，"孝有三，大孝尊亲，其次弗辱，其下能养"。就是说，孝分三等，大孝是使父母受到他人的敬重，其次是不令父母蒙羞，最下等是能养活父母。

第二，指出"孝"有三个途径，"小孝用力，中孝用劳，大孝不匮。思慈爱忘劳，可谓用力矣；尊仁安义，可谓用劳矣；博施备物，可谓不匮矣"。意思是说，孝有三种方法，小孝用体力，中孝用功劳，大孝永不匮乏。想着父母的慈爱，努力耕作而忘记了劳累，可称为体力的孝；能尊重仁德、安行道义，可称为功劳的孝；在天下广施德教，国家繁荣而物品齐备，父母去世后天下都来助祭，可称为不匮乏之孝。小孝是用心对父母的照料，中孝是建功立业、光耀门庭，大孝则是为国为民作出贡献，即"大孝为忠"。

第三，指出"孝"有三个要求，即养、敬、安。"众之本教曰孝，其行曰养。养可能也，敬为难。敬可能也，安为难。安可能也，卒为难。父母既没，慎行其身，不遗父母恶名，可谓能终矣。"意思是说，教化众人的根本是孝，孝行就是奉养父母。平常的奉养还是可能做到的，一直保持敬慎之心去奉养就难了；以敬慎之心去奉养父母还是可能做到的，要让父母感到安适而快乐就难了；让父母感到安适而快乐，还是可能做到的，要一直做到父母去世就难了。父母去世后，能谨慎行事，不让坏名声玷污了父母，这就称得上终生行孝了。孝，不仅仅是让父母吃饱穿暖，还要心存恭敬，正如孔子所说的"色难"，给父母好脸色看难，和颜悦色难。明代吕坤曾说："'悦'之一字，乃事亲第一传心口诀。"对父母和颜悦色，让父母高兴是真正的孝顺。要做到这一点，必须对父母的唠叨，不要厌烦，对父母无心之过失，不要疾言厉色地责怪，对父母因年老而变得笨拙，不要抱怨。孝，在今天来说，更重要的是精神赡养，要致其安乐。俗话说："久病床前无孝子。"行孝一时易，一生却难，始终如一确实不容易。

第四，指出"不孝"的五种行为："居处不庄，非孝也。事君不忠，非孝也。莅官不敬，非孝也。朋友不信，非孝也。战阵无勇，非孝也。"五种不孝的行为分别是：日常生活举止不庄重，是不孝；奉事国君不忠心，是不孝；身居官位不恭谨，是不孝；与朋友交往不讲信用，是不孝；临阵作战没有勇气，是不孝。这就是说，不庄重、不忠诚、不恭谨、不诚信、不勇敢都是不孝的表现。

《列女传》记载了孝女和孝媳的事迹。

孝女"缇萦救父"。《列女传·辩通卷》记载：

汉代齐国太仓令淳于公的小女儿，名叫缇萦。淳于公没有儿子，只有五个女儿。汉文帝在位时，淳于公辞官从医。有一次，淳于公给一位商人看病，病人吃药后却未见好转，不久就去世了。商人便向官府状告淳于公用错药，地方官吏判其肉刑，押送到长安待刑。淳于公即将离家受刑的时候，看着哭泣的女儿们叹气，认为自己时运不济，遇到急难，连个有用的儿子都没有。

听了父亲的话，缇萦悲伤落泪，跟随父亲到了长安，并上书文帝说："我父亲做官吏的时候，齐国人都夸他廉洁奉公，现在他犯了法要判以肉刑。我悲伤的是，人死了不会复活，受过刑后，割断的肢体无法接续上，即使想改过自新，也没有办法了。我甘愿献身当官府的奴婢，替父亲赎罪，让他有一个改过自新的机会。"她还陈述了肉刑的种种弊端，汉文帝被其感动，不但赦免了淳于公的罪过，还下诏废除了肉刑。缇萦为父辩冤屈，具有勇气和胆识，终使父亲免受刑罚，也使酷刑得到了废除，被称为"孝女"。

作为儿女孝敬父母，这是比较多见的。但孝媳则较少见。自古以来，婆媳关系历来都比较难处理。《后汉书·列女传》中有一个关于"孝媳"的故事。

东汉时期，广汉人姜诗的妻子是同郡人庞盛的女儿。姜诗十分孝顺母亲，他妻子侍奉婆婆更加诚恳。婆婆喜欢喝江水，而江水离住处六七里路，她便常常去江边挑水。后来有一次遇上大风，她没能及时回家。母亲非常口渴，丈夫姜诗责怪她要休了她。她于是寄住在邻居家里，日夜纺织，买好吃的东西，让邻居家母亲送给婆婆。这样过了很久，婆婆感到奇怪，问邻居的母亲，邻居的母亲讲了实情。婆婆感到惭愧，把她叫回家，从此她赡养婆婆更加恭谨。婆婆喜欢吃鲶鱼，夫妇二人便辛勤耕作赚钱以供给鲶鱼。赤眉军的散兵经过姜诗的家乡，没有停留就远去了，并说："惊动大孝的人家一定会冒犯鬼神。"

姜诗的妻子最难得的是忍辱负重，她被误解，却仍然默默地照顾婆婆，她在处理误解时，不激化矛盾，不争辩，用"冷处理"的办法，艺术地处理了这一矛盾，这也是她值得称道的地方。

《列女传·贞顺传》记载了"陈寡孝妇"的事迹。

陈寡 16 岁出嫁，丈夫应征戍边。临行前，丈夫嘱咐陈寡说："我此行生死难卜。只有一位年老的母亲，没有别的兄弟。如果我回不来，你愿意赡养我的母亲吗？"陈寡答应说："愿意。"后来，丈夫不幸死于戍边。陈寡对婆婆的赡养从没有懈怠过，为丈夫服丧三年以后，她的父母哀怜她，想把她接回来，改嫁别人。陈寡说："我听说，忠信是做人的根本，德行是行为的准则。忘掉托付的事是不忠信，违背死者的意愿是无德义。"她坚决不从，赡养婆婆 20 年，直至婆婆逝世。

古人常说："天无法不通，家无规而散。"意思就是没有规矩不成方圆。百善孝为先，一个家庭最大的规矩，说到底还是孝敬父母、尊敬长辈。

孝是流水，上代截流，下代干涸。想让一个家庭细水长流、长盛不衰，就要传承孝道，让子孙后人尊老爱幼，才能营造出家庭兴旺的氛围。

作为儿女，要以孝为立身之根，不管父母慈不慈，先问自己孝不孝。为人子女，年幼时，很难在生计上帮助父母，最重要的是少让父母担忧，这就是最大的孝行。长至成年，就要尽心尽力孝敬父母，父母在世时能令其

安心、快乐，父母临终时能令其安详含笑而去，就算是
尽孝尽到头了。

古代的花木兰也是一个"孝女"，她的孝表现在
"继志述事"上。

北魏末年，有一个奇女子，姓花名木兰，是河南商
丘人。柔然、契丹等少数民族日渐强大，经常派兵侵扰
中原，抢劫财物。北魏朝廷招募兵丁去抵御他们，花木
兰的父亲也被列为征兵的人选，可是因为年纪老了，又
生着病，而她弟弟年纪又太小，花木兰于是决定女扮男
装，替父从军。木兰从军十二个年头里，经历了十八次
战斗，别人始终不知道她是女扮男装。后来得胜回朝，
皇帝因为花木兰有功劳，封她为尚书郎，花木兰没有接
受，最后回到了家中。

木兰代父从军的故事后来被编成《木兰辞》，广为
传诵。孝敬，是人之所以为人的最根本要求，应该是无
处不在的。而子女的孝敬与否，在于敬爱、尽心，身体
力行。修身、立志，先从学会感恩、学会孝顺、尊重父
母开始。

(二) 贤明

女性在成长过程中，充当的第二个角色是人妻。妻子对丈夫、家庭的影响是巨大的。古代有"男主外，女主内"的说法，妻子肩挑着照顾家庭的重担。《列女传》对于为妻之德，概括为"贤明"，即贤惠、开明，也就是通达事理，处事得体，深明大义。《列女传》和其他史书中记载的贤妻很多，较为突出的有几位：

第一位是心地明正的"明德马后"。

马皇后是东汉明帝的皇后，伏波将军马援的女儿。马皇后的贤明主要表现在：一是生活简朴。她平时身着用粗帛做的衣服，服侍的奴仆也都穿着不加边饰的衣裙。二是好学多才。她平时喜欢诵读《易经》，精习《诗经》《论语》《春秋》，并能略说其中大义。她爱读《楚辞》，尤其喜欢赋颂，不喜欢浮华之风。三是不偏袒亲属，不为亲属谋名位。她一心一意地克制私欲，不因私家利益来干预朝廷政务。她哥哥做虎贲中郎将，弟弟做黄门侍郎，在整个永平年间都没有得到升迁。明帝身体不舒服，叫来黄门侍郎马防在一旁侍奉。马防从早到晚进药服侍，十分辛劳。公卿上书提出应予封赏。马皇后说："我自己检束修治，希望上不辜负先帝，对下不损减先人之德，对外戚更应克制自律。"正是马皇后的率先垂范、严格自律，才带动了宫内、宫外简朴、勤学、清正的好风气。

第二位是通达事理的"齐孤逐女"。

齐孤逐女是齐国即墨邑的女子，齐国宰相的妻子。一天，孤逐女听说齐国宰相的妻子去世了，就来到齐襄王的宫门外，对侍卫说："我是个孤儿，希望能当着君王的面讲讲治国的建议。"襄王得知后立即召见，一连和她谈了三天。

第一天，孤逐女问："大王知道国家的柱子是什么吗？"襄王回答："不知道。"孤逐女说："柱子就是担任国家相位的人。柱子不正，栋梁就不安稳，栋梁不安稳，椽子就会坠落，整个房屋就会面临倾覆的危险。宰相就是栋梁，庶民百姓就是椽子，国家就是房屋。房屋能否坚固在于柱子，国家安定在于国相。大王一定要选择德才兼备的人担任国相。"襄王表示赞同。孤逐女在这里讲的是君王要善于识人和用人。

第二天，襄王问："我的国相怎么样啊？"孤逐女回答："大王的国相就像比目鱼一样，和外边并行，和里边并行，然后办好事情，取得成功。"襄王忙问："这话什么意思？"孤逐女回答："对左右的人像朋友一样看待，对妻子儿女像贤人一样看待，这就是与内外并行。"孤逐女认为优秀的人才处事公正、真诚，是修身、齐家、治国、平天下的典范。

第三天，襄王问："我的国相能有什么作为吗？"孤逐女回答说："他是个中才，但这样的人也很难得。我听说圣明的君王在选用人才时，先尊崇和重用其中的一个人，所以，楚国起用虞丘子便得到孙叔敖，燕国起用郭槐便得到了乐毅。大王如能信任和重用他，便会引来更多的优秀人才。"襄王问："怎么重用他呢？"孤逐女回答说："过去齐桓公尊崇一位只懂得九九乘法的人，从而使德才兼备的贤士前来归附。叶公好龙，也使龙迅速下临地面。天地人事皆然。"襄王说："讲得好！"于是便提高了国相的地位，并让孤逐女嫁给他做妻子，齐国因此大治。

孤逐女深谙选人用人之道，用自信和善言打动了襄王，从而实现了自己的理想。

第三位是清正廉明的"乐羊子妻"。《后汉书·列女传》记载了河南乐羊子的妻子，品德高尚，劝夫清廉做人。

东汉时期，有一次，乐羊子在路上捡到一块金子，回家后就给了妻子。乐羊子的妻子得到黄金并不感到高兴，她说："我听说志士不喝名叫盗泉的泉水，廉洁的人不接受嗟来之食，更何况是捡别人丢掉的东西以得到好处，以致玷污其品行呢？"乐羊子听了非常惭愧，就把金子扔回野地，而出门去寻师学习。

一年后乐羊子回到家里，他妻子问他为何提前回家，乐羊子说："出门久了就想念家里，没有别的。"乐羊子的妻子就拿起剪刀跪到织布机旁说道："这布出自蚕茧，成于机杼，由一根丝慢慢织成一寸，再由一寸织成一丈、一匹。现在如果剪断，就会前功尽弃。读书人积累学识，应当每天都清楚自己缺少什么，这样才能接近更美好的品德。如果中途回家，跟剪断这些丝又有什么区别呢？"乐羊子被她的话打动了，回去完成学业，一去就是七年，而这期间，乐羊子的妻子一直亲自操劳奉养婆婆。

有一次别人家的鸡走错了路跑到家里的园子，婆婆偷着把它宰杀了，乐羊子的妻子不肯吃鸡反而哭了起来。婆婆感到奇怪，问她缘故，她说："因为自己家穷而吃别人家的鸡感到伤心。"婆婆听后感到非常惭愧。

从这个记载可以看出，乐羊子妻子的贤惠表现为三个方面：一是有清正的品德。乐羊子的妻子是一个有骨气的人，主张不喝贪泉之水，不吃嗟来之食，不取不义之财，即使路上捡来的东西也不占为己有，教育丈夫做一个堂堂正正的人。二是一个有孝心的媳妇。丈夫外出学习，她承担起家庭的重担，悉心照料好婆婆。三是一个懂得教育艺术的人。面对乐羊子求学的半途而废和婆婆偷宰他人的鸡，没有责骂、抱怨，而是通过织布的规律，讲述"学贵有恒"的道理，通过自我批评，教育婆婆的不良行为，这种劝导方法对于长辈平辈是很有效的，充分体现了她高超的沟通艺术。

第四位是机敏理智的长孙皇后。

唐朝太宗的皇后长孙氏，是一个贤明的皇后，以善于劝谏太宗为人称颂。有时候太宗因小事以不恰当的罪名责罚宫人，长孙皇后必定假装着发怒，请求太宗交给她去审讯。等到太宗怒气平息了，她再慢慢地替受冤枉的人设法表明没有罪。有一次，长孙皇后在太宗的面前称赞魏徵是一个光明正直、保护社稷的臣子，同时还穿了朝服，立在庭前，恭贺太宗能够受得住直言，因为只有是真正的明君才会有直言谏臣。后来长孙皇后病势危急，将要长别的时候，还很诚恳地对太宗说许多有关国家政事的话。太宗哭得很悲伤，说："从今以后我回到宫里，再也听不到规谏了，我失去了一个很好的帮手啊！"

"贤明"对于一个妻子来说，无论处在什么时代都是很重要的。有这样一个故事：有一对夫妻闹离婚，妻子向大师诉说满肚子的委屈，说："没良心的'负心郎'，我为他做了那么多，他却要离我而去。"大师问："你为他做了什么？"妻子说："我为他打扫房间，家里里里外外干干净净。"大师说："这是雇一个清洁工就可以做到的。"妻子说："我还帮他公司收款管钱。"大师说："这是请一个出纳就可以做到的。"妻子迷惑了，"那么，我应该做什么？"大师说："你应当做一个'贤内助'：第一是他的知心爱人，知道他的理想、爱好，他的快乐与你分享，忧愁让你分担，是心心相印，心灵沟通；第二是他的亲密朋友，既是亲密的，又有各自独立的空间，可以无话不说，是亲人，又是朋友，平等、友好相待；第三是他最可信赖的人，把所有的东西可以托付；第四是成就他的人，就是让丈夫具有自信，变得越来越优秀，助夫成德、成功、成才。这就是'贤明'的体现。反过来，作为一个'好丈夫'也应该如此。"

（三）仁智

女性人生的第三个角色是母亲。《列女传》专门编写了《母仪传》《仁智传》，对母亲的品格和风范作了介绍。母亲是孩子的第一位老师，母亲是否优秀决定了子女是否成才，母亲承担着教育孩子的主要责任。《列女传·节义传》对母亲的品格作了概括：一是仁慈恩惠，为人敦厚，重义轻财；二是温良恭谨，少言寡语。母亲育儿有方，既是保姆，也是师长，抚养和培育孩子成长。这方面，《列女传》和其他史书记载了几位杰出母亲的事迹：

一是忠义的"魏节乳母"。

魏节乳母，是魏国一公子的乳母。秦军攻灭魏国，杀掉了魏王瑕和魏国的公子们，只有一个公子逃走了。秦军四处缉拿，下令："抓住公子的赐金千镒，藏匿他的罪至灭族。"魏节乳母带着公子一块儿出逃，魏国原来的一位大臣看见乳母，告诉她如果告发公子能得千金。乳母说："即使能得万金，我也不会这样做。"大臣说："现在魏国已经灭亡，王族已经消灭，你还藏着他，这是为了谁呢？"乳母长叹一声，说："见利而反之，这是叛逆；怕死而弃义，这是昏乱。带着叛逆和昏乱的罪名去追求私利，我是不会做的。况且为人家抚养孩子，是力求让孩子活在世间，怎能为获取私利而抛弃节操呢？"于是，她抱着公子逃亡，结果被秦军发现，与公子一同被乱箭射杀。秦王知道了这件事，敬重乳母坚守忠信、为行义而死的举动，用对待卿的礼仪安葬了她。

二是教子有方的"楚子发母"。

楚子发母，是楚国将领子发的母亲。子发率军攻打秦国，一度断粮，派使者向楚王请求增援。使者顺便到子发家看望他的母亲。子发母亲问使者："战士们怎么样啊？都平安无事吗？"使者回答说："战士们都在分豆粒吃。"子发母亲又问："将军怎么样啊？平安无事吧？"
使者回道："将军三餐都吃肉粒和细粮。"

子发打败秦国后回家，母亲关上门不让他进屋，对
他说："你没有听说过越王勾践伐吴的故事吗？有一位
宾客献上一坛醇酒，越王让人将酒倒在江的上游，再让
将士在下游喝，味道虽然很差，但战士的战斗力增加了
五倍。又有一次，有人献上一口袋干粮，越王将它赐给
战士，让战士分着吃，香味虽未过咽喉，但战士们的战
斗力增加了十倍。现在你身为楚将，进入危险之地却安
闲享受，尽管侥幸胜利，那也不是用兵的成功。你不是
我的儿子，别进我的家门！"子发深感惭愧，忙向母亲
道歉，母亲这才让他进门。

子发的母亲善于运用越王的事例教育儿子，让儿子
知错改过，堪称具有大智的母亲。

三是清正廉明的母亲湛氏。

《晋书·列女传》记载：在东晋将领陶侃年幼时，
家境贫寒，陶侃的母亲湛氏靠纺织谋生，让陶侃完成学
业，并要他结交比自己强的朋友。

陶侃年轻的时候做了浔阳县吏，监督渔业，他从公家窃取了一瓦锅的腌鱼送给母亲品尝，母亲知道陶侃是假公济私，便退回腌鱼，并写了一封信责怪陶侃，信中说："你做官吏，却拿公家东西给我，不但不能给我好处，反而会给我增添担忧啊。"

潘阳孝廉范奎有一次到陶侃家做客，恰遇天下大雪不能返回，湛氏就拿着自己床上的新褥子给他垫床，亲自锄草喂他的马，又暗中剪头发卖给邻居，用来换取饭食。范奎感叹地说："没有这样的母亲，哪有这样出息的儿子！"

（四）忠贞

女性作为国家的一员，《列女传》强调了她们应忠贞爱国，书中记载了历史上具有家国情怀的女性的事迹。

第一位是楚处庄侄。

庄侄是楚顷襄王的夫人。早年，顷襄王喜欢游乐，年过四十，仍未立太子，进谏的人都被挡在宫外，楚国面临着巨大的危险。

县邑的女子庄侄决心劝说顷襄王。有一次，她见顷襄王的车子驶过来，便举起旗帜拦车。顷襄王问："你想干什么？"庄侄回答："我想同大王谈谈隐语的事。"顷襄王问："你有什么话要提醒我？"庄侄答道："大鱼离开了水，有龙却没有尾巴，墙就要崩塌，而大王未察觉。"顷襄王说："我不明白你的意思。"庄侄说："大王喜欢游玩，不关心民众疾苦，耳不聪，目不明；已过四十还未立太子，国家未选择接班人，必然没有了强有力的辅佐，灾祸即将发生。大王外出五百里游玩，如果真的去了，楚国将亡。"顷襄王说："没那么严重吧？"庄侄说："大王将有五种隐患存在：宫室一望无边，城郭广阔通达，这是第一种隐患；宫里的人穿着刺绣的衣服，庶民百姓却连粗陋的布衣都穿不上，这是第二种隐患；奢侈无度，国力将虚弱枯竭，这是第三种隐患；老百姓在饥饿中挣扎，大王的马却有多余的饲料，这是第四种隐患；奸邪之臣处左右，贤能之士却不得志，这是第五种隐患。"

　　顷襄王听了庄侄一番话，惊出了一身冷汗，立即掉转车头回国都。这时城门已经关闭，叛乱者控制了国都，顷襄王调来鄢地的部队，最终平息了叛乱。后来，顷襄王立庄侄为夫人。庄侄经常向大王陈述先王节俭爱民的事迹，楚国又重新强大起来。

第二位是岭南的谯国夫人。

《隋书·列女传》记载：谯国夫人是南北朝后期至隋朝的高凉冼氏的女儿。她家世代担任南粤首领，属下的村落有十多万家。冼夫人从小聪慧豁达，擅长筹划谋略，在父母家时，抚慰引导属下的民众，能指挥军队作战，使每个越民臣服。冼夫人的品德和谋略出众，主要有如下的几个方面：

一是心地善良。冼夫人用"唯用一好心"自勉和教育他人。她经常劝导族人要多做善事，所以，在乡里信誉很高。当时越人时常相互攻伐。冼夫人的哥哥冼挺，仰仗着自己强大，攻打劫掠周围郡县，岭南百姓深受其害。冼夫人经常规劝他，因此他大有收敛，从此，越地争执就此止息。

二是办公正道，执法严明。梁朝初年，冼夫人嫁给高凉太守冯宝为妻，冼夫人告诫并约束好自己家族之人。每当她与冯宝一起商量裁断诉讼案件时，首领中有犯罪的，即使是亲戚族人，也没有放纵不去管制。从此以后，政策号令都被执行得井井有条，没有人再敢违抗。

三是善于谋略。冼夫人善于判断一个人的人品，作出正确的决策。适逢侯景叛乱，广州都督萧勃召集军队去援助。高州刺史李迁仕把守大皋口，派人征调冯宝。冯宝打算前去，夫人阻止说："刺史无缘无故不会征召太守的，一定是哄骗您去一起叛乱。"不如拖延以静观其变。果然几天后，李迁仕谋反，并派主帅杜平虏率领军队进攻灨石。冼夫人设计骗过李迁仕，亲自率领一千多人步行肩挑各种杂物，说是前来送礼赎罪。趁李迁仕没有防备，冼夫人趁机袭击，平定了叛乱。

四是忠于朝廷，维护统一。冼夫人多次平定百越的叛乱。有一次广州刺史欧阳纥拉拢冼夫人的儿子冯仆，让他一起叛乱。冼夫人对儿子说："我家是忠贞之臣，到如今已经有两代了，我不能因为疼爱你就辜负国家。"于是冼夫人派遣军队抗击叛军，最终打败了欧阳纥。从此，冼夫人被称为"圣母"，保护百姓，维护边境安全。冼夫人说："我们应该对天子竭尽忠诚。我侍奉了三朝国君，只凭一颗真心。"

第三位是虞潭母亲孙氏。

《晋书·列女传》中记载：孙氏是孙权的孙女，她天赋聪明敏锐，见识观察能力超越常人。虞潭从幼年时期开始，他的母亲孙氏就教育他要忠义爱国。

西晋永嘉末年，虞潭做了南康太守，遇上杜韬叛乱，率领众人平叛。孙氏勉励虞潭应当为国家不惜一死，她把家中的财产都拿出来馈赠给士兵，虞潭最终大获全胜。虞潭担任吴兴太守时，碰到苏峻作乱，又率兵平乱。孙氏对虞潭说："我听说忠臣出在孝子家里，你应舍弃生命去得到道义，不要因为我年老成为累赘。"于是，孙氏打发家里的所有男仆人跟随虞潭作战，她还卖掉身上佩戴的环佩作军费。孙氏为国分忧的情怀受到众人的敬仰。

在广东近代史上，有不少为中国的革命事业作出贡献和敢于牺牲的女性。

1927 年广州起义失败后，女兵班长游曦为掩护主力撤退，带领女兵在广州的天字码头阻击敌人，直至弹尽粮绝，全部壮烈牺牲，英勇地献出了年轻的生命。像游班长这样英勇就义的烈士还很多，如革命夫妻"周文雍与陈铁军"。

1928 年 2 月 6 日，在广州红花岗的刑场上，两位青年革命者，从容不迫地举行婚礼。他们是广州起义行动委员会负责人之一的周文雍和当时中共两广区委妇女委员陈铁军。陈铁军出身于华侨商人家庭，1926 年加入中国共产党，从此承担党的秘密联络工作。1928 年由于叛徒的告密，两人被捕，受尽了酷刑，但都没有叛党。临死前，他们向周围的群众宣布："我们要举行婚礼了，让反动派的枪声来作为结婚的礼炮吧！"就义时，陈铁军年仅 24 岁。

今天，忠贞的内涵已经更为广泛，不但是对丈夫的忠贞，而且是对祖国、对人民、对事业的忠诚、热爱和执着追求。物理学家王承书可以说是忠贞的典范。

当年，国际理论物理学权威乌伦贝克教授曾断言，如果王承书一直在美国进行科研，极有可能获得诺贝尔奖。然而，为祖国效力，才是她的最高追求。

克服重重阻力回到新中国后，王承书本以为还会延续所学的专业，不料，1961 年 3 月的一天，钱三强让其慎重考虑是否可以改行，她爽快地回答："我服从安排!""这就意味着,你必须忘记以前获得的所有成就,此后不能公开出席活动、不能公开发表论文,隐姓埋名到最后!"钱三强接着说。不少朋友和同事觉得王承书的决定太草率,而她却说:"我何尝不知道放弃专长转行到一个陌生的领域,将来很可能什么成就都没有,可是,我在回国之前就已暗下决心,只要祖国需要,不惜从零开始,不惜舍弃一切!"此后,从世界物理学界彻底消失的女科学家王承书出现在一个代号为504的工厂里。

不久,钱三强看到王承书不到五十,头发几乎全白,问其工作和生活上有什么困难,有没有话捎给家人,她说"没有",钱三强顿了顿,再问:"那你的意思是坚持到底?""是!"对方的嗓门很响亮。出了门去,钱三强抹去眼角的泪花,对陪同人员说:"一位女同志都能如此精忠报国,还有什么困难能难倒我们?"

随着原子弹的问世,功成名就的王承书依然默默地从事着科研、著述以及教书育人的工作,直到生命最后。从1961年7月入党起,她坚持把280多元工资中的200元拿来交党费,领导劝她少交一点,她说:"国家给我这么高的工资,我本来就用不完。"后来,她又把夫妻二人的全部积蓄捐给希望工程，临终前，还不忘嘱咐后人："遗体不必火化，捐赠给医学研究或教学单位，希望充分利用可用的部分。"

女性除了拥有以上高贵的品格以外，还具有勤俭节约、通情达礼、淡泊名利等品德：

一是勤俭节约。明代《女范捷录·勤俭篇》对勤俭阐述得非常具体：勤俭是女性的职责，也是财富的来源。如果勤奋但不节俭，则徒劳无功，资产都耗散了，如果节俭但是不勤奋，则巧妇难为无米之炊，只能过苦日子。所以女性不但要勤奋，还要懂得节俭，"勤"是开源，"俭"是节流。倘若女性身贵之后仍能勤劳，那家里人自然不敢懒惰，这就是以身为教了；倘若女性家富之后仍能节俭，那家里用度自然不至于奢华，这就是因俭而致丰了。所以，"勤"和"俭"，都是妇德的重要内涵，也是治家良策，需每个家庭成员持之以恒地执行。

《后汉书·列女传》记载：渤海鲍宣的妻子是桓氏的女儿，字少君。鲍宣曾经跟随少君的父亲读书。她的父亲很欣赏他，就把女儿嫁给了他，并准备了丰厚的财物作为嫁妆。鲍宣不乐意，对妻子说："少君你娇生惯养，习惯了漂亮的服饰，而我贫穷微贱，不敢接受这些礼物。"他的妻子少君说："父亲大人因为先生你有好学、简约的美德，才让我嫁给你，既然已经嫁给你，便听从你的吩咐。"鲍宣笑着说："能做到这样，正合我意。"少君于是把所有的仆人和服饰全部还给父亲，改穿粗布衣裳跟鲍宣一道拉着鹿车来到鲍家。拜见婆婆的礼仪一结束，她就提着水瓮去打水。她品行美好并谨守妇女规范，乡里邦人都称赞她。鲍宣在哀帝时官至司隶校尉。儿子鲍承也当了鲁郡太守。

　　鲍宣之妻少君可贵之处：一是选择对象以才学和人品为第一标准，不嫌贫爱富，选择了贫寒的书生鲍宣作为丈夫；二是放低身段，选择过简朴、勤劳的生活，从锦衣玉食转变为穿粗布衣裳，从养尊处优转变为打水挑担，并且拉着鹿车嫁到夫家，没有任何排场和烦琐的礼仪，这样的转变需要一定的勇气和气度；三是做一个贤妻良母，她还常常教导子孙要"存不忘亡，安不忘危"，时刻谨记居安思危。

　　二是通情达理。通情达理就是懂得道理，说话做事合情合理。古人有"三理"的说法："身从情理"，应该做的事，努力去做，亲身去做，身体力行，不埋怨、不后悔；"心从道理"，做符合规律、道义的事，去除私心，心存公心，所行之事，处处合道；"性从天理"，化秉性，除习性，圆满天性。《列女传》记载了孟母的事迹。

孟子结婚后，到卧室里，碰到妻子裸露着身子换衣服，孟子勃然大怒，责怪妻子不懂礼。孟子的妻子只好向孟母辞别，请求回娘家去。孟母听后，叫来孟子，对他说："按礼的规定，快进门的时候，问一问谁在里面，以表示尊重；到堂屋的时候，必须发出声音，以提醒别人；推开内室门的时候，眼睛要往下看，以免发现别人的隐私。今天你违背礼制，却责怪别人，这不是与礼的要求相差得太远了吗？"孟子连忙道歉，留住妻子。

还有一次，孟子在齐国为官时，哀声叹息，满面忧色，孟母问他原因。孟子说："我听说，君子称量自己的才能后再去就任官职，不苟且求得封赏，不贪图荣禄，诸侯不听自己主张就不到他那里去。现在齐国不能施行我的主张，我想到别的地方去，但母亲您年纪大了，所以我感到为难。"

孟母听后说:"现在你已成人,而我已经老了,你行你的义,我行我的礼,你放心去吧。"孟母非常了解儿子的志向,支持他到别的地方施展才华,不要固守陈腐的"孝"道。可见,孟母是何等的通情达理。

三是淡泊名利。古人云:"不戚戚于贫贱,不汲汲于富贵。"人都有虚荣心,但是不要有过高的物质欲望,以淡泊的心态应对生活,知足常乐、知止免耻,看得透,提得起,放得下,切忌让名利变成包袱。

世上的人大多为名利而来,为名利而往。名利本身并非不好,关键在于获得名利的手段和对待名利的态度。诸葛亮说过,"非淡泊无以明志,非宁静无以致远",他主张看淡名利。我们都知道任何事物都有两面性,名利是把双刃剑,名利之心太重,有时反而为其所害,若一心只追名逐利,最后可能反而一事无成。俗话说,"人心不足蛇吞象",面对如今物欲横流的社会,追逐名利者多,淡泊名利者少。但是中庸之道讲求适度,人心的贪念是永无止境的,所以凡事都要适可而止,追求声名也应有度。刘向的《列女传·贤明传》记载了楚接舆妻的事迹。

接舆亲自耕田以维持生活。楚王派使者带着百镒黄金前往问候和迎请接舆为官。接舆未置可否。

接舆的妻子从集市上回来，对接舆说："门外的车印多么深啊！"接舆说："国王派使者带着重金来聘迎我。"妻子问："你该不会答应他了吧？"接舆说："富贵是人人都想得到的东西，你为什么厌恶它呢？我想答应他。"妻子说："义士不做非礼之事，不因贫穷而改变节操，不因为低贱而放弃德行。我们靠亲耕来吃饭，靠亲织来穿衣，吃得饱，穿得暖，一切遵行德义，十分快乐。如果接受人家的重禄，乘坐人家的坚车良马，吃人家肥厚鲜美的食物，以后又该怎么回报人家呢？"接舆说："那我就不接受他的请求了。"妻子说："不听国君的派遣，这是不忠；听了又不去做，是不义。不如离开这里。"于是接舆背着炊具，妻子顶着织器，改名换姓，远走他方。

接舆的妻子知足常乐，淡泊名利，见到乱世而放弃出仕，以保全生命和名节，只有品德高尚的人才能做得到。像这种淡泊名利的女性还有楚於陵妻。

刘向《列女传·贤明传》记载，楚於陵妻，是楚国人於陵子终的妻子。楚王听说於陵子终是一位贤士，想任命他为相，派使者带着黄金百镒前往聘迎。於陵子终动心了，对妻子说："今天为相，明天就会车马众多、肴馔丰盛，对吧？"妻子说："你靠做鞋来维持生活，自食其力，与物无争；左边是琴，右边是书，闲暇时弹琴看书也颇感快乐。车马众多，能感到安心的不过是一足之地；肴馔丰盛，能感到美味的不过是一块肉。现在为了一足之地的安心，一块肉的美味，去替整个楚国担忧，这样可取吗？动乱年代，灾祸很多，我担心你性命难保啊。"于是，子终谢绝聘用，过着悠闲、平静的生活。

著名科学家，诺贝尔奖获得者居里夫人的声名可谓妇孺皆知，但她既不求名也不求利，把声名看得极淡。

居里夫人一生获得各种奖章、名誉头衔，却全不在意。有一天，她的一位朋友来她家做客，忽然看见她的小女儿正在玩英国皇家学会刚刚颁发给她的金质奖章，于是惊讶地说："得到一枚英国皇家学会的奖章，是极高的荣誉，你怎么能给孩子玩呢?"居里夫人笑了笑说："我是想让孩子从小就知道，荣誉就像玩具，只能玩玩而已，绝不能看得太重，否则就将一事无成。"

居里夫人这段话发人深省，为什么把荣誉看得太重，结果可能会适得其反呢?因为有时候声名可能会阻止你继续追梦的步伐，有些人陶醉在自己已经取得的荣誉之中而停下了前进的脚步。有调查显示，获诺贝尔自然科学奖的41位科学家，在获奖后五年内发表的论文减少了三分之一。所以居里夫人在摘得诺贝尔奖桂冠后，仍把更多的精力花在科研上，拒绝了外界的邀请和演讲，淡泊名利，专注于自己的事业。

二、才艺学识修养

在封建社会，女子无才便是德，女性处于从属、依附于男性的地位，主要的任务是做好家务，相夫教子，但在各史书对列女的记载中，大都对有才华、聪明的女性加以赞赏。刘向还专门写了《贤明传》和《仁智传》。贤，是贤惠、聪明;智，是指有知识、有智慧。女性最

基本的才艺，是打理家政，也即女工；然后是艺术才华，
精通诗、词、歌、赋，琴、棋、书、画等。具体来说，
史书中的列女有如下几方面的才华：

（一）有远见卓识

《晋书·列女传》记载：魏晋时期有一个叫辛宪英
的女子，不但深明大义，而且具有远见卓识，列于须眉
男子中，亦属凤毛麟角。

辛宪英的弟弟辛敞做了大将军曹爽的参军，太傅司
马懿要讨伐曹爽（发动高平陵兵变），曹爽的司马鲁芝
率领府兵去救曹爽，招呼辛敞一同前去。辛敞不想去，
宪英对他说："你怎么能不去呢？尽忠职守，是做人的
大道理。普通人有困难，还应同情他；做别人的属下却
不去做事，是很不应该的。而替人担当责任，为别人而
死，这是作为亲信的分内事，你不是曹爽的亲信，你只
是随大流罢了。"辛敞听了姐姐的劝告就随鲁芝去了。
事情平定后，辛敞叹息说："我假如不跟姐姐商量，就
有失道义了！"

景元三年（262 年），钟会做了镇西将军，宪英问侄
儿羊祜："钟会为何西出？"羊祜回答："准备消灭蜀

国。"宪英说："钟会做事十分恣意放肆，没有长时间处在下位的道理，我怕他有别的志向。"钟会快要往西部去时，请求辛宪英的儿子羊琇做他的参军，宪英担忧地说："从前我为国担忧，今天灾难降临到我家了。"羊琇坚决地向文帝请求推辞，文帝没有同意。宪英无奈之下只好对羊琇说："去吧，谨慎些！古代的君子，到家就对亲人孝顺，出门就为国守节，在职责上要忠于职守，道义上要慎思你的立场，不给父母增添担忧。在军队里可以解救危难的，大概只有仁爱忠恕吧！"钟会到了蜀地果然造反，羊琇由于谨慎，保全自身活着回家。

《辽史·列女传》还记载了一个具有远见卓识的女性：耶律民，小名常哥。小时候聪明伶俐，长大后，节操品行美好无暇。

辽国咸雍年间，常哥写文章评述当时的政治，大略说："国君把百姓当作肌体，百姓就把君主当作心脏，君主应当任用忠良贤明的人，臣子应当摒弃结党；这样，政令教育就能平衡，阴阳就能和顺。想要让远处的部族归附，就应崇尚恩德；想要国家富强，就应减轻徭役赋税。四端五典是治国、教育的根本，六府三事是百姓生存的命根。过度奢侈可以作为警戒，勤奋节俭可以作为师表。废弃弯曲，人们不敢作假；扬显忠诚，人们就不敢欺骗；刑罚都符合罪行，百姓就会互相鼓励行善；创建传于万代坚如磐石的事业，控制强悍横逆的心思。要想作属下的表率，就要先端正自身；想要治理远方，就得从朝廷开始。"皇帝称赞她的文章写得好。一个女子有如此政见，体现了她的爱国情怀和远见。

（二）有渊博学识

《魏书·列女传》记载：南北朝时期崔元孙之女、房爱亲之妻崔氏，生性严明，品行高尚，阅读了很多书籍传记，见闻广泛，学识非常渊博。她的儿子景伯、景先都是她亲自传授经典义理，学业品行都很优秀通达。

景伯担任清河太守，每次遇到疑难案件，常常先向母亲请教。见丘有一个百姓，他的几个儿子都不孝顺，朝廷打算处罚他们。景伯为这件事感到悲伤，回去向母亲禀告此事。崔氏说："我听说听到的事不如看到的，山民没有受到礼仪教育，怎么能责怪他们呢？只要将他们的母亲和儿子一起请到我家同住，让他们看看你是如何服侍我的，或许他们自己能够改错。"于是，景伯照办。景伯服侍母亲无微不至，山民的儿子侍立在堂下观看。没过几天，他们就都悔改了，请求回家去。崔氏说："这时虽然他们脸上有惭愧之色，不知心里是否惭愧，应该让他们继续留在这里。"这样，又过了十多天，山民的儿子们磕头磕到流血不止，他们的母亲哭着请求回家，这才答应他们的请求，最终这些儿子以孝顺闻名。

崔氏懂得言传不如身教的道理，用实际行动去教育人，效果十分明显。

（三）善吟咏作词

《辽史·列女传》记载：邢简的妻子陈氏，辽朝仕官之家出身。陈氏好辞赋，刚到出嫁年龄时，已广泛浏览并精通经典要义，凡是她看过的诗赋，都能背诵出来，她还尤其喜欢吟咏作诗，时人称她为"女秀才"。二十岁时，她嫁给邢简后，孝敬公婆，家里上下和睦，亲戚族人都很推崇看重她。她有六个儿子，亲自教导他们经籍。后来抱朴、抱质两个儿子，都因为贤能，位至宰相。

　　清代有一个著名的女诗人叫梁兰漪，她是一个志存高远的人，她的诗歌不但有江南女子的闲情雅致，而且有男子汉的英雄气概和士大夫的豪气。梁兰漪自云："心境是须眉，生身恨巾帼。形骸不敢放，名节颇自惜。悲啸几谷声，裰袄铼六翮。恨触不周崩，泪洒丹枫赤。几度欲问天，云霄九重隔。低头抚素心，命也悲何益。"梁兰漪在诗中表达了自己的理想和志向。意思是说，我虽然是个女性，但从小就有这样的愿望，希望自己是个教育者，能摇着木铎走在路上，公开宣讲，启迪世人；能够救济桑树荫下挨饿的人们；希望能修建广厦千间，有良田万顷，给天下贫寒孤独的人以庇护；希望自己能有高牙大纛，大富大贵，然后可以庇护天下苍生。

　　梁兰漪还写了《七歌》，诗云："父兮母兮空生我，膝前珍爱同娇左。每怜生女胜生男，家学青缃免废堕。"在这首诗中她哀叹道，造物主跟她有仇，让她成为一个女人，她相信自己只要有机会，就一定能建立人生奇勋，但在现实社会中却无法实现自己的理想，只能在梦中攀登天府，得以封侯。

（四）怀高超技艺

　　被称为纺织的祖师黄道婆就是一个代表。

元代的黄道婆，1295 年在松江（今上海）推广她发明的轧棉机、纺车、织机等一系列纺织工具，传授错纱、配色、综线、挈花的纺织技术；她织出的被、褥、带、帨等棉织物色彩丰富，折技、团凤、棋局、字样等图案立体，她的"乌泥泾被"成为当时的著名品牌，销售极广。她无私地奉献自己的发明创造，传授技术，使天下千余家以此为生，甚至因此致富。

岭南也有一位刺绣大师，叫卢眉娘。传说卢眉娘是广东南海人，她天生一副绿眉毛，自小就聪明好学，尤其对刺绣悟性极高。广东的刺绣手法精湛，源远流长，被称为广绣，与湖南湘绣、江苏苏绣齐名，号称中国三大名绣。卢眉娘对刺绣可谓入了迷，整天围在绣房的能人高手身边转，对各种针法和配色之法，一看就懂，一学就会，终于达到炉火纯青的境界。

据说她曾在一尺见宽的丝织上，绣了《法华经》全文。绣上的字，小如粟米，字体工整，笔法流畅，真可谓书法名作、绣中极品。她又曾用一缕绢丝，绣成"飞仙盖"。这飞仙盖绣着一幅神仙洞府全景，图中十洲三岛屹立在绿波碧海之中，云缭雾绕；天上的神仙玉女，千姿百态，惟妙惟肖；岛上雕楼玉宇、金殿琼台，龙飞凤舞，栩栩如生。此幅刺绣色彩鲜艳，针法多变，布局严谨，堪称广绣极品。时人对此赞不绝口，都称卢眉娘为"绿眉神绣"。

唐顺宗永贞元年（805 年），广州知府向唐皇李诵进贡了卢眉娘创作的两幅刺绣珍品。唐顺宗看到"飞仙盖"和"法华经"刺绣，龙颜大悦，马上下诏，命卢眉娘即刻进京，封为"神姑"。卢眉娘住在内宫，除了为皇帝及皇妃刺绣宫廷饰品之外，还向宫人和王妃传授刺绣基本手法，"广绣"自此传入京师，唐宪宗李纯即位之后，十分欣赏为人聪慧、刺绣技法高超的卢眉娘，为感谢她为宫中内廷绣出不少佳品，培养了不少绣女，特地赏赐了一副金凤手镯给卢眉娘，以资嘉奖。可是卢眉娘只是依例叩谢，并无半点欢容。见卢眉娘不喜欢宫中单调苦闷的生活，唐宪宗就成全她的心愿，封她为"逍大师"，让她回南海老家了。

今天，女性的才艺表现在某一领域中，具有专业的技能，并且作出了突出贡献。

"共和国勋章"获得者屠呦呦，一辈子与青蒿结缘，用中医药造福人类。

2015 年 10 月 5 日，瑞典卡罗琳医学院宣布将诺贝尔生理学或医学奖授予屠呦呦以及另外两名科学家，以表彰他们在寄生虫病疾治疗研究方面取得的成就。

这是中国医学界迄今为止获得的最高奖项，也是中医药成果获得的最高奖项。屠呦呦说："青蒿素是人类征服疟疾进程中的一小步，是中国传统医药献给世界的一份礼物。"

20 世纪 60 年代，在氯喹抗疟失效、人类饱受疟疾之害的情况下，在中医研究院中药研究所任研究实习员的屠呦呦于 1969 年接受了国家疟疾防治项目 "523" 办公室艰巨的抗疟研究任务。屠呦呦担任中药抗疟组组长，从此与中药抗疟结下了不解之缘。

由于当时的科研设备比较陈旧，科研水平无法达到国际一流水平，不少人认为这个任务难以完成。然而，屠呦呦坚定地说："没有行不行，只有肯不肯坚持。"

通过整理中医药典籍、走访名老中医，她汇集了640 余种治疗疟疾的中药单秘验方。在青蒿提取物实验药效不稳定的情况下，出自东晋葛洪《肘后备急方》中对青蒿治疟的记载——"青蒿一握，以水二升渍，绞取汁，尽服之"——给了屠呦呦新的灵感。

通过改用低沸点溶剂的提取方法，汇集了青蒿的抗疟成分，屠呦呦团队最终于1972年提取出了青蒿素。据世卫组织不完全统计，在过去的20多年里，青蒿素作为一线抗疟药物，在全世界已挽救数百万人生命，每年治疗患者数亿人。

中国现代妇产科学的主要开拓者和奠基人，首届中国科学院唯一的女院士林巧稚，也是一个才华出众的杰出女性。

1901年，林巧稚出生于福建厦门鼓浪屿的一个普通家庭，父亲给她取名"巧稚"，寓意她一生灵巧而天真。5岁时，林巧稚的母亲因患妇科肿瘤病故。亲人去世的痛苦让她树立了一个终生理想：怀着平凡的爱，做平凡的事。1929年，立志做医生的林巧稚成为北京协和医院第一位毕业留院的中国女医生，从此开始了54年的从医生涯。

为了挑战女性不能拿手术刀的偏见，为了那些对妇产科疾病一无所知的中国妇女，她毅然选择了那时被许多人看不起的妇产科。在这里，孕妇临产的时候，林巧稚总是握住她们的手，帮她们擦去脸上的汗珠。时任协和妇产科主任的美国人惠特克不屑地说："林大夫，你以为拉拉产妇的手，给产妇擦擦汗就能成为教授吗？"然而就是这一握手、一擦汗，让产妇无条件信任、信赖她。数十年后，林巧稚已成为国内妇产科首屈一指的专家，而她仍会握住产妇的手，给她们擦汗。她用自己的行动和成就完美地阐释了她一生的理想信念——做人民好医生。

半个多世纪，林巧稚亲手接生了 5 万多个孩子，许多父母给孩子起名为"念林""怀林""敬林"，以表达对她的敬爱和纪念。

1980 年林巧稚因患脑血栓住院治疗。缠绵病榻的三年中，她仍坚持参与《妇科肿瘤》的编写。50 余万字的著作，浓缩了林巧稚毕生对妇科肿瘤的探索和研究，记载了她为医学事业所尽的最后一分力。1983 年 4 月 22 日，林巧稚去世。弥留之际，她仿佛又回到了紧张的手术台前，喊道："快拿来！产钳、产钳……"护士拿来一个东西塞到她手里安抚她，几分钟后，她的脸上露出了平静安详的微笑。"又是一个胖娃娃，一晚上接生了3个，真好！"这便是她临终前的最后一句话。

冰心老人在《悼念林巧稚大夫》一文中这样写道："她是一团火焰、一块磁石。她的'为人民服务'的一生，是极其丰满充实地度过的。"

三、心理性格修养

修养是身、心、性的修炼。修心是前提，养性是关键。"性"是指性格、性情，也是指一个人的情商。女性天生比较敏感，情绪波动会比较大。性格不但影响自身的身心健康，也关系到家庭的和谐及社会的人际关系。当今社会，生活节奏加快，工作压力增大。碰到不如意的事是常有的，如何处理好自己的情绪至关重要。

宾夕法尼亚大学心理学家马丁·西格曼曾对一家保险公司的销售人员做了一项业绩调查。他把这些销售人员分为两组，一组能力很强但思想悲观，一组能力一般但高度乐观。通过两年的跟踪调查，他发现，在第一年，后者的销售额比前者高出了21%，第二年高出了57%。由此可见，要想取得好的成绩，积极乐观的心态是多么重要。

心理性格反映了一个人的情商，也与一个人的德商、智商密切相关，相辅相成。情商，也称情绪力，主要是指人在情绪、情感、意志、抗挫折等方面的品质，主要包括认识自我、管理情绪、激励自己、识别他人和沟通能力。女性与男性相比，更富有情感，更为感性，其心理性格特征也更为突出。《列女传》虽然没有独立的章节论述女性的心理性格修养，但在各章节中都有相关的内容。女性的心理性格修养，主要有保持平和的心态、乐观的心境、开朗的心情，要自信、自尊而不自卑，柔顺之中又有刚强，大度而不嫉妒等，这些心理性格仍然是现代女性所应当具有的品质。那么，《列女传》对女性的心理性格修养提出了什么样的要求呢？概括起来有如下几个方面：

（一）自信自强

《列女传》中所记载的许多女性，并不为自己的性别、地位、出身感到自卑、自怜、自弃，她们之中的许多人志存高远，充满自信，奋进自强，可以说巾帼不让须眉，为国家作出了突出的贡献。她们之中有的成为史学家如班昭，有的成为诗人如李清照，有的成为将军如沈云英。刘向《列女传·辩通传》中有"齐宿瘤女"的故事。"齐宿瘤女"虽然身体有点缺陷，但她一点不自卑，她以睿智、知礼、明道、通达而得到了君王的青睐，被立为王后，名声显赫。

齐宿瘤女，是齐都东郭的一个普通的采桑女子。她的脖子长了一个瘤，所以被称为宿瘤。

有一次，齐闵王出城游玩，来到东郭，百姓纷纷前往凑热闹围观，宿瘤女却像往常一样采摘桑叶。闵王感到奇怪，叫来宿瘤女，问："大家都来观看，为何你未曾看一眼？"宿瘤女回答说："我奉父母之命采桑，没有受命来观看。"闵王说："这真是个奇女子啊！可惜长了个大瘤子！"宿瘤女说："上天赐给了我生命，长一个瘤子又有什么值得悲伤呢？"闵王赞叹道："这真是个贤女啊！"

闵王非常喜欢她，命令随从载她入宫。宿瘤女说："托大王的福，只是未经父母同意，不敢遵命！"闵王十分羞惭，说："全是我的过错。"宿瘤女说："作为贞女，如果有一种礼仪不齐备，就是死也不能从。"于是，闵王随后派使者带上礼金，前去聘迎。宿瘤女父母又惊又喜，打算让女儿化化妆。宿瘤女却不同意，说："改变了容貌和服饰去见大王，大王就认不出来了。"她穿着平常一样的服饰入宫。

宿瘤女入宫时，夫人们见到她都给予嘲讽。闵王说："你们先别笑，她只是没有修饰罢了。修饰和不修饰，要相差十倍百倍。"宿瘤女说："修饰和不修饰何止差十倍百倍，可以说相差千倍万倍呢！"闵王说："这是为何？"宿瘤女说："人的天性本是相近的，后来因为习染不同，才出现了差距。从前尧、舜、禹和桀、纣都做过天子，尧、舜用仁义来修饰自己，虽贵为天子，却安于节俭。茅草盖的屋顶不加修剪，栎木作的椽子也不砍削；在后宫中，人们的衣服没有什么花纹，吃饭也没有多少美味，到现在已经上千年了，天下人仍然称赞他们的美好行为。桀、纣不用仁义修饰自己，经常制定烦苛的法律条文，修建高台深地；后宫里的人们穿着华丽的丝织品，摆弄着珠宝美玉，心里始终不满足，最后害己害国，受到天下人的耻笑，到现在也已上千年，天下人仍然指责他们的丑恶行径，由此看来，修不修饰是否相差千倍万倍呢！"宿瘤女用历史的教训，阐述了品德的修养比外貌的修养更为重要，听了一席话，夫人们都羞惭不已，闵王也大为感悟，发出命令，要求修建低矮的宫室，减少饭菜，撤并乐宫，后宫里的人们不得穿多用花纹的衣服，并立宿瘤女为王后。

不到一年，这一行为影响了全国和邻近的国家，从此国泰民安，繁荣昌盛。

从这个故事中我们可以看到，宿瘤女不因自己出身低微而自卑，不因自己身体的缺陷而自轻，不因自己的衣饰朴素而自贱，在大王面前不卑不亢、从容自在，坚持遵行礼仪，用自己的学识才华打动了大王，获得了他人的尊重。这个故事也说明了只有自尊才能获得他人的尊敬。

当然，自信来自实力，一个人要拥有自信的人生就必须认清自我，明白自己的长处和短处，找准自己的位置，经过自己的努力、奋斗，才能实现自立、自强。

自信表现为一种自我肯定、自我鼓励、自我强化，坚持自己能够成功的情绪素养。拥有了自信心，就会对生活抱有热情和趣味，就拥有了拼搏的精神、奋斗的勇气和进取的力量。

自信，就是要相信自己。成功学告诉我们，成功＝想法＋信心。成功来自求胜的意志和信心，胜利者都属于有信心的人。人生本没有什么局限，无论男人或女人，每个人内心都有一股沉睡的力量，那就是自信。为此，不要自卑、自轻、自贱，要相信自己的能力，即使自己有些事情做不到，也应坦然处之，不要觉得低人一等，只要自己努力了，就可以了。

（二）沉着机智

冷静、沉着、机智是一种良好的心理素质，在生命攸关的时刻显得尤为重要。女性情感比较丰富、外露，具有这种心理素质必须经过训练和修炼，《列女传》对女性的这一心理素质加以赞赏，《辩通传》在"赵津女娟"中记载了这样一个典范：

赵津女娟，是赵地河上渡口官吏的女儿。有一次，赵简子率军南行，要攻打楚国，通知了渡口官吏过河的时间。但是，渡口官吏却喝醉了酒，无法送赵简子过河，赵简子大怒想杀渡口官吏。

渡口官吏有一女儿名叫娟，见父亲将要被杀，拿起船桨往外跑。简子说："你为什么要跑？"娟回答："我是渡口官吏的女儿。我父亲听说主公您要过河，因为不了解水情，担心出现风浪，惊动水神，就向九江三淮的神灵祈祷，举行祭祀，喝了点巫祝杯里的剩酒，以致醉成这个样子。如果您要杀的话，那就请杀我吧，我希望用我的生命换取父亲的生命。"简子说："这不是你的罪过。"娟说："主公您是因为他有了罪，这才杀他，我担心他现在不知道疼痛，心里也不明白自己的罪过。希望等他醒了再杀他，好让他明白自己的罪过。"简子说："讲得好！"于是就没有杀他。

　　赵简子准备乘船渡河，但船上少了一个划桨的人。娟卷起袖子，操起船桨，主动要求一起划桨。简子说："临行前，我挑选壮士船夫斋戒沐浴，过河时不与妇女同在一条船上。"娟说："我听说从前商汤攻打夏朝，驾车的马，左边是雌黑马，右边是雌野麋，最后却驱逐了桀王；周武王讨伐商朝，驾车的马，左边是雌青黑马，右边是雌黄马，最后却战胜了纣王。主公同我在一条船上，有什么损害呢？"简子一听，很高兴，就和娟一起上了渡船。

　　船到了河中间，娟给简子唱起了《河激》歌，歌中唱道："登上渡河船啊眼前清静，水起波浪啊昏暗不明。祈求福佑啊父醉不醒，将被杀掉啊我心担忧。刑罚免除啊水也显清，我摇船桨啊拉起大绳。蛟龙相助啊主归得胜，喊着划船啊莫疑前行。"简子听后非常高兴，想立娟为夫人。娟听后两次下拜，推辞说："按照婚姻应行的礼仪，没有媒人是不能出嫁的。再说父母都在家，我不敢听从您的命令！"于是辞别简子走了。简子打完胜仗回来后，就向娟的父母行了纳聘之礼，立娟为夫人。

在这个故事里，我们可以看到赵津女娟在父亲即将被杀的紧要关头，没有心慌意乱和手足无措。用祭祀河神而喝酒表明父亲喝酒的良好动机，然后又用主动相助的行动，将功赎罪，弥补父亲的过失，又用历史的事实说明女性会带来吉祥，再用歌谣祈求大王的谅解。最后她凭着沉着、冷静、机智化解了危机。

（三）宽宏大量

小气、嫉妒等特征在女性的心理性格中是常见的现象，而杰出的女性则是胸怀坦荡，着眼大局，放眼长远，不计较个人得失。《列女传》在"楚庄樊姬"中记载了这样一位女性：

楚庄樊姬，是楚庄王的夫人。庄王即位后，喜欢打猎。樊姬进谏劝止，庄王不听，她便不吃禽兽的肉。庄王于是改正错误，勤恳地处理政事。

　　一次，庄王退朝晚了，樊姬关切地问："为什么退朝晚了？大王不饥饿、不疲倦吗？"庄王说："同贤者交谈，是不会感到饥饿和疲倦的。"樊姬问："大王所说的贤者是谁呢？"庄王答道："是虞丘子。"樊姬捂着嘴笑了。庄王问："爱姬笑什么？"樊姬回答："虞丘子说贤还可以，但算不上忠。"庄王问："什么意思？"樊姬说："我侍奉大王已经十一年，常派人到郑国、卫国搜求美女献给大王，现在她们中比我贤的有二人，和我差不多的有七人。难道我不想独得大王的宠爱吗？我听说宫殿上的众女，可以观察人的才能。现在，虞丘子当楚相十余年，举荐的人不是自己的弟子，便是同族的兄弟，没见举荐过贤人，也没有赶走不肖的人，这是蒙蔽国君，堵塞贤路。知道有贤人而不举荐，这是不忠诚；不知道别人的贤能，这是不聪明。我笑不是也可以吗？"庄王听了觉得有理。第二天，庄王把樊姬的话告诉了虞丘子，虞丘子感到十分惭愧。于是，虞丘子派人迎来孙叔敖，将他推荐给庄王，庄王任用孙叔敖为令尹，治理楚国，三年后庄王称霸。

从这个故事中可以看到樊姬胸怀的宽广，她认为忠诚和聪明者，是接纳比自己更有贤德的人，举荐比自己优秀的人，完全没有嫉妒之心。虞丘子向来任人唯亲，确实存在一定的私心。经过樊姬的提醒很快改过，说明他还是有一定的风度和思想境界的。凡是宽广、大度的人，首先是充满自信的，并不担心别人超过自己。樊姬虽然举荐了别的美女，但她并没有失宠。其次是出于公心，为了国家和大局，即使自己吃亏，也不计较。

《列女传》在"晋赵衰妻"中还记载了一个大度的女性。

晋赵衰妻，是晋文公的女儿，叫赵姬。当时，身为公子的晋文公和赵衰逃奔至狄，狄人将叔隗送给赵衰为妻，生下赵盾。返回晋国后，文公又将女儿赵姬嫁给了赵衰，生了三个儿子。

赵姬请求赵衰接回赵盾及其母亲，赵衰不敢答应，推辞了。赵姬说："得到新宠而忘记旧好，是无义；爱好新欢而轻慢故妻，是无恩；曾与别人在困境中生活，富贵以后又忘记别人，是无礼。丢弃了以上三者，怎么领导别人？即使是我，也不会再侍奉你的。你应当接回赵

盾母子！"赵衰遵命做了。赵姬认为赵盾是贤才，请求
将他立为嫡子，让自己生的三个儿子居于赵盾之下，又
让叔隗做正妻，自己居她之下。

赵姬的胸怀确实宽广，不仅不争宠，更为难得的是
不为儿子争王位，主动让贤，不但懂礼，而且大气，用
礼让获得了人们的尊敬。

心理学家认为，宽容忍让不是软弱的表现，适度的
宽容对改善人际关系和身心健康都是有益的。

大量的事实表明，过度苛求别人或苛求自己的人，
必定会造成自己的心理和人际关系都紧张。金无足赤，
人无完人。每一个人都有缺点和短处，在工作或生活上
犯有过错，首先要看出发点，对于好心办坏事的，应给
予原谅；对于能力不足的，要给予帮助、指导。

宽容，首先是对自己的宽容。有些人是完美主义者，
对自己要求很严格，这是很可贵的，但也不能用圣人的
标准去苛求自己，自己有过错，关键是要有正确的认识，
及时地反省、总结，吸取教训，采取行动加以改正，这
才是正确的方法。

宽容，要既能容人之短，也能容人之长。对才能超

过自己者，要有欣赏的态度，不嫉妒，热心举贤，成人之美，见贤思齐，这才是有涵养的表现。

男人与女人之间有些心理差别，相对来说，有的女人喜欢斤斤计较，对他人的不足常挂在心上，念念不忘。其实，这是对自己的伤害，对于不是重大的原则问题，不如选择遗忘。

宽容，对人对己，都是一种精神补品，学会宽容不仅有益身心健康，而且是赢得友谊、保持婚姻美满、家庭幸福乃至事业成功的法宝。

养性关键是学习管理情绪。坏的情绪主要是悲观、忧虑、惊恐、愤怒、嫉妒等，情绪与人的健康直接相关，负面情绪往往是致病之源，"百病皆生于气"，气结、气逆往往导致气血运行不畅，五脏失调，神经紊乱，免疫力下降，这样，疾病就发生了。为此，要学会对情绪进行管理。沮丧时，不妨引吭高歌；悲伤时，不妨开怀大笑；恐惧时，不妨忘我向前；自卑时，不妨自信自励。对于不良的情绪，关键是要学会转移，学会寻找出口，寻找亲人、友人诉说、发泄，千万不能积压在心里，否则，就会致病、失态，影响人的言谈举止。

《列女传》用六个篇幅，从正面去概括女性的优良品德、聪明才智、心理素质和沟通能力，同时也在《孽嬖传》中列举了缺乏良好操行的女性。《列女传·小序》中说："《孽嬖传》，惟若孽嬖，亦甚嫚易，淫妒荧惑，皆节弃义。指是为非，终被祸败。"《贤明传》"宋鲍女宗"中也指出女性要戒除的品性：嫉妒是第一条，其次是浮淫邪僻、盗窃东西、长舌多嘴、骄横侮人等。《孽嬖传》所讲的十五个典型，概括起来，可以分为三类：

第一类是享乐淫荡，骄傲放纵。如夏桀妹喜、殷纣妲己、周幽褒姒，刘向把五国的灭亡归结为她们迷惑了君王，使君王放纵享受，虽然不够客观，但也从一定程度上反映了她们对君王的影响，起着为虐助长的作用。

第二类是心肠狠毒，干预政事。如卫宣公姜、鲁恒文姜、鲁庄哀姜，她们不但荒淫，而且热衷于权术，参与了宫廷里的权力斗争，最后都落得身败名裂的下场。

第三类是搬弄是非，挑拨离间。如晋献骊姬挑拨君王与太子的关系，设计陷害太子，导致晋国大乱，被称为"长舌妇"。

《孽嬖传》列举的是一些反面典型，要引以为戒。

第四讲　当代女性修养的主要途径和方法

　　《列女传》对女性修养内容作了详细的论述，而对修养的途径和方法则没有专门的篇章，而是融入各篇之中。

　　《大学》中讲"格物、致知、诚意、正心"以及"知止而后有定，定而后能静，静而后能安，安而后能虑，虑而后能得"。这也是女性修养的法门，从女性的特点出发，女性修养要选择如下途径。

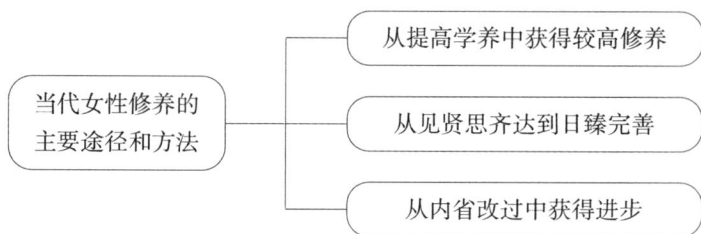

当代女性修养的主要途径和方法
- 从提高学养中获得较高修养
- 从见贤思齐达到日臻完善
- 从内省改过中获得进步

一、从提高学养中获得较高修养

　　不仅刘向的《列女传》中专门编写了《贤明传》《辩通传》，对许多具有聪明才智、远见卓识、才华超群的女性给予赞誉；二十四史其他史书中也记载了许多优秀女性，她们以盛德懿行作为修养的基础，用学养才艺作为修养的途径。

　　《晋书·列女传》六十六中记载了这样一个故事：

东晋十六国时期的刘娥自幼聪明伶俐，白天从事女工，晚上诵读经典，她经常与哥哥们讨论经籍的意义，理趣超越一般人而深刻独到，各位兄长常为叹服，她性格孝顺友好，风度仪表、进退举止都非常得体。

刘聪夺得皇位后，立她为右贵嫔，对她宠爱有加。不久封她为皇后，准备建造凰仪殿让她居住，廷尉陈元达对此严词劝谏，刘聪大怒，要斩杀他。刘娥当时在后堂，暗地里让手下的人停止用刑，并写奏疏上奏说："在下听说陛下准备为我营造宫殿，我的昭德殿已经足够起居了。现在国家还未统一，灾祸灾难还很多，各方面都需要人力资财，特别应该慎重考虑此事。廷尉的话，是为国家的大政。那忠臣劝谏，难道是为自己吗？明君能接受劝谏而使国家昌盛，昏君则拒绝劝谏而遭灾祸，应该用好的爵位来赞赏廷尉，用分封土地去感谢廷尉，怎么能不仅不接纳劝谏，反而想杀了他呢？陛下，这次发怒因我引起，廷尉的祸害由我造成，过错在我，请您让我死在这里，来为陛下被错误所迷惑造成的过错抵罪。"刘聪看完后脸色大变，对下属说："我自从得了风病，喜怒无常，元达是位忠臣，我对他有愧。"刘聪将刘娥的上表给元达看了，并说："外边的辅佐像您，里边的辅佐像这位皇后，朕不用担忧了。"

女性修养的提升，首先要靠教育、教化，从而养成习惯。学养是修养的基础，有一句话说得好，在你的气质里，藏着你走过的路、读过的书和爱过的人。一个人读过的书，会渗透进思维，影响到言谈举止，改变一个人的气质。为此，提高女性修养的第一良药就是"读书"。读好书、善读书。

在如今这个高科技时代，人们欣赏女性的角度也已经从外表的美丽转向知性美和内在美。即女性想拥有丰富的内涵就必须读书学习，让自己的内心世界充实起来，"腹有诗书气自华"。

北宋诗人欧阳修有一句名言："立身以立学为先，立学以读书为本"。清代文学家张潮在《幽梦影》中将读书分为三个境界："少年读书如隙中窥月；中年读书如庭中望月；老年读书如台上玩月。"年少时，由于自身阅历有限，读书并不能一探全貌，如同管中窥豹。人到中年，由于增长了见识，对书本的理解才能愈发深刻。行至暮年，一切都看透了，能够以释怀的心态把玩书本，以我观书，以书观我，方能得书中三昧。

　　莎士比亚说："书是全人类的营养。生活里没有书籍，就好像没有阳光；智慧里没有书籍，就好像鸟儿没有翅膀。"可见阅读对于人类是多么重要，是人们吸收精神营养，享受生活乐趣，通向净化心灵的一道时空之门。读书能愉悦身心，丰富内涵，充实生活。读书使人增长见识，开阔视野，通晓天下事。读书也可以让人学习科学技术，发家致富，提高生活质量。因此女性提高修养必须不断读书学习，紧跟时代的步伐，掌握新的知识和本领。不断接受新的信息，充实自己的思想内涵，才能适应社会发展的需要，才能使自己立于不败之地。

　　女性要想让自己得到人们的欣赏和认同，就必须要有丰富的内涵和极致的韵味。

　　钱穆说，读书一可以培养情趣，二可以提高境界。读书，能从有情趣、有见识的人那里得知如何过得有趣。这些有情趣的人，人生境界高、情味深，从他们的文字里，又能习得许多人生经验，从而潜移默化地转化为自己的内在修养。所以，梁实秋说，最简单的修养方法就是读书。

　　读书学习有着特殊规律，必须经历吸收、转化、升华的过程。特别是读书，只有下苦功夫、细功夫、真功夫，做到博学、审问、慎思、明辨、笃行，才能真正学懂弄通会用。要崇尚知识，加强学习，不断地接受新思想，新观念，才不至于被突飞猛进的社会所淘汰；应注意选择那些能够激活感性、启发知性、锤炼理性的书籍来读，做到学以益智、学以励志、学以立德、学以修身。

读书的方法有多种多样，下面介绍常见的十种方法。

1. 泛读

泛读即广泛阅读，指读书的面要广，要广泛涉猎各方面的知识，具备一般常识。不仅要读自然科学方面的书，也要读社会科学方面的书，古今中外各种不同风格的优秀作品都应广泛地阅读，以博采众家之长，拓展思路。马克思写《资本论》曾钻研过 1 500 种书，通过阅读来搜集大量的准备资料。

2. 精读

朱熹在《读书之要》中说："大抵观书先须熟读，使其言皆若出于吾之口；继以精思，使其言皆若出于吾之心，然后可以有得尔。"这里"熟读而精思"，指的就是精读。也就是说，要细读多思，反复琢磨，反复研究，边分析边评价，务求明白透彻，了然于心，以便吸取精华。对学术类书籍及名篇佳作应该采取这种方法。只有精心研究，细细咀嚼文章的"微言精义"，才能"愈挖愈出，愈研愈精"。可以说，精读是最重要的一种读书方法。

3. 通读

即对书报杂志从头到尾阅读，通览一遍，意在读懂、读通，了解全貌，以求一个完整的印象，取得"鸟瞰全景"的效果。对比较重要的书报杂志可采取这种方法。

4. 跳读

这是一种跳跃式的读书方法。可以把书中无关紧要的内容放在一边，抓住书的筋骨脉络阅读，重点掌握各个段落的观点。有时读书遇到疑问处，反复思考不得其解时，也可以跳过去，向后继续读，就可前后贯通了。

5. 速读

这是一种助力读书的方法，即陶渊明提倡的"好读书，不求甚解"。可以采取扫描法一目十行，对文章迅速浏览一遍，只了解文章大意即可。这种方法可以加快阅读速度，扩大阅读量，适用于阅读同类的书籍或参考书等。

6. 略读

这是一种粗略读书的方法。阅读时可以随便翻翻，略观大意；也可以只抓住评论的关键性语句，弄清主要观点，了解主要事实或典型事例。而这一部分内容常常在文章的开头或结尾，所以重点看标题、导语或结尾，就可大致了解，达到阅读的目的。

7. 再读

有价值的报纸杂志不能只读一遍，可以重复学习，"温故而知新"。思想家、文学家伏尔斯泰认为"重读一本旧书，就仿佛老友重逢"。重复是学习之母。重复学习，有利于对知识加深理解，也是加深记忆的助力剂。

8. 写读

古人云"不动笔墨不读书"，俗语也有"好记性不如烂笔头"之说。读书与作摘录、记心得、写文章结合起来，手脑共用，不仅能积累大量的材料，而且能有效地提高写作水平，并且能增强阅读能力，将知识转化为技能和技巧。

9. 序例读

读书之前可以先读书的序言和凡例，了解内容概要，明确写书的纲领和目的，有指导性地进行阅读。读书之后，也可以再次读书的序和凡例，以便加深理解，巩固提高。

10. **选读**

读书时要有所选择，古往今来，人类的文化宝藏极为丰富。一个人的精力毕竟有限，如果不加选择，眉毛胡子一把抓似的读书，不会收到好的效果。可以结合自己的情况，有针对性地选择书目，这样才能达到事半功倍的效果。

读书日久，语言和谈吐之间浸透着书卷气味，举手投足中饱含知识的韵味，气质必然高雅，心胸见识自然开阔。好书给人以启迪，好书能让人明白真理。书读进去，就必加以思考，"学而不思则罔，思而不学则殆"！

二、从见贤思齐达到日臻完善

《列女传》通过六个篇章，每篇十四、五个典型，近九十个杰出女性的事迹，给人们树立了学习的标杆，告诉人们榜样的力量是无穷的，人们可以从这些杰出女性的事例中得到教育和启发，从而不断地提升自我修养。

孔子说："见贤思齐焉，见不贤而内自省也。"意思是看到德行高的人，就想着向他看齐；看到德行不高的人，就反省自己做得怎么样。见贤思齐，既是我们修身养性的座右铭，也是每个人为人处世的行为准则。

人们常说："择其善者而从之，其不善者而改之。"人际交往中，我们应该选择别人的优点去学习，如果我们有与他们一样的缺点，就要积极地去改正，只有为自己树立正确的榜样，人生之路才能越走越宽。

我们要学习古代许多贤惠的女性，如孟母教子有方，为孩子创造一个健康成长的环境；要学习岳飞的母亲鼓舞儿子精忠报国；要学习古代的孝女，如木兰替父从军；要学习勇敢正义的女将，如杨家女将；要学习勤劳智慧的女性，如黄道婆、秋瑾等。

在这里我要说说值得我们敬佩的一位外籍女性——居里夫人。她不但是一位杰出的科学家，而且是一位贤妻良母。居里夫人的科研工作十分繁忙，然而，她很善于利用时间对女儿进行早期教育，把握孩子智力发展的规律。她在女儿不足一岁时，就对她们进行"幼儿智力体操"训练，让她们广泛接触生人，到动物园看动物，到公园去看绿草、蓝天，感受大自然的美景，等孩子大一些就教孩子唱儿歌、讲童话；再大一些，就学习制作手工，后来还学习了简单的数学计算、单词的拼写、弹琴、作画等。

居里夫人认为，人之智力的成就，最主要依赖于品格的高尚。因此，她把自己一生追求事业的精神和高尚的品德，传承和延伸到女儿和学生身上。她利用多种机会培养孩子的良好品格，包括培养孩子节俭朴实、重德轻财的品格，培养孩子勇敢、坚强、乐观、克服困难的意识，培养孩子的爱国情操。

在丈夫皮埃尔去世以后，居里夫人独自一人担负起抚养孩子的重担。当时，她经济拮据，还补贴一部分工资给科学研究。有人建议她卖掉实验室里的一分克镭，这在当时价值一百万法郎。但居里夫人坚决不答应，她说，"镭必须属于科学，不属于个人"。

居里夫人的伟大在于事业和家庭双成功，自己事业有成，子女成才有为。她本人获得了诺贝尔物理学奖和化学奖；长女伊雷娜则为核物理学家，与其丈夫约里奥共同获得诺贝尔化学奖；次女艾芙成为音乐家、传记作家。

三、从内省改过中获得进步

《列女传》记载的许多杰出女性大多具有自我批判精神，勇于反省自己、改正自己。《辩通传》有一篇叫"齐威虞姬"，齐威虞姬，名叫娟之，是齐威王的王姬。

齐威王即位后，身边有一个谄媚的大臣，专权擅势，嫉贤妒能。虞姬提醒齐威王要警惕阿谀奉承的大臣，因此得罪了小人，受到了诬陷。虞姬对此并不作辩解，反而在大王面前自我反省，检讨自己的两个罪过：一是不懂得"瓜田李下"，没有避嫌；二是受人诬陷，又无法申冤。既然应该死，也就不必陈述意见，只希望大王警惕小心奸邪，亲理朝政。威王终于警醒，诛杀奸邪大臣，终使齐国大治。

内省、自省、反省是提高修养的一个重要途径。

儒家非常重视一个人的自省能力，要求时刻反省自己，警醒自己，"吃一堑，长一智"，在失败中吸取教训，从而成长和成熟起来。

省的核心精神是自我反省。省的甲骨文的字形像用眼睛观察草。人的眼睛朝着本心看，是对人性的打量和审视，因此，省是自省，不仅是用眼睛看，还得用脑子想，用心记，明心静气，修身养性。内省不仅要静心反思，发现内心的疾病，而且要勇于下决心剔除，不放过细小的毛病。

自省是儒家所倡导的十分重要的修养方法，它指人的自我反省、自我省察，是一种"反求诸己"的精神。

孟子说："爱人不亲，反其仁；治人不治，反其智；礼人不答，反其敬。行有不得者皆反求诸己，其身正而天下归之。"意思是说："爱护别人，别人却不来亲近，就要反问自己的仁德够不够；治理别人，别人却不服管理，就要反问自己的明智够不够；礼貌待人，别人却没有反应，就要反问自己的恭敬够不够。行为没有得到预期的效果，就要反过来要求自己，自身端正了，天下的人就会来归附。"这种修养方法要求人们经常反省自己的意识和行为，辨察、剖析其中的善恶是非，开展自我批评并进行自我修正，不断提高自己的道德水平和学识水平。人非圣贤，孰能无过？每个人都不是完美无缺、十全十美的，都有说错话、做错事的时候。没有人能保证自己每一件事都做得对，不犯错误，重要的是，以什么样的态度对待自己的过失、不足和错误。有了过错就必须真诚地面对它、反省它。但自省本身是一件很痛苦的事情，它需要勇气、需要胸怀、需要勇于面对。人人都懂得要自省，却由于"爱面子"和虚荣心作怪，或者拉不下面子，因而"长于责人，拙于责己"，以自我为中心，以自我为评价标准，工作有了差错，不从自身找原因，把责任推给他人。工作进展不顺利，同样不从自身找原因，而是夸大困难。很多人只会批评他人，总是在品评他人时，遗忘了自己。

那么，应该如何自省呢？首先在于态度，其次在于胸怀，再次在于是否敢于直接面对。孔子的学生曾子主张："吾日三省吾身：为人谋而不忠乎？与朋友交而不信乎？传不习乎？"即每天多次反省：为别人出主意做事情，是否尽心竭力了？和朋友交往，是否真诚讲信用？对所学的知识，是否时时实践了？孟子曾经赞许曾子"守约"，即处理事情时内心有一种坚持，不随着外物而改变。当面对社会上出现的种种问题时，很多人都用道德的武器去批判别人，似乎自己可以置身事外。问题在于，你自己怎么去做？因此，每日反省自己是不可或缺的，只有通过经常反省自己的思想和行为，无情地自我解剖，严格地自我批评，及时地改正自己的过错，才能把过失和错误消灭于萌芽状态，才能总结经验教训，不会从跌倒的地方又摔跤。

古人修身，不仅有明确的目标和内容，而且有具体的操作方法。

从前有一种"功过格"，即在一张纸上画上许多格子，有的是三百六十格，一年用的，每天一格；也有一种是三十格，每月一张，一天一格；更有的是每天一张，上面有十二格，每个时辰一格。每天做完事情之后，睡觉之前，要静坐思过，有做错的地方，用笔墨在格中点一个墨点；如果做了好事，则用朱笔在格中点一个红点。这样天天反省，久久为功，逐渐达至"修身力行"的圣贤之境。

　　这种修身方式一直延续到近代，当代人应学习古人修身的方法，并付诸实践。只有敢于反省，乐于改过，人格才能逐步得到完善。

结　语

　　女性修养是一个古老的话题，也是一个时代的话题。第三讲中着重阐述了《列女传》对女性修养提出的"三大内容"，即"道德品格修养""才艺学识修养""心理性格修养"，这"三大内容"在今天大多还适用，可供借鉴。但它毕竟是时代的产物，需要我们与时俱进，在批判中传承与发展。今天讲的道德品格的修养，最核心的一个字是"善"，就是善良、仁慈，用"善"去对待他人、对待自然，处理好人与人之间的关系、人与自然的关系，达至和谐的境界。一个有修养的人，心地一定是善良的。才艺学识的修养，最核心的一个字是"真"，追求真理、智慧，拥有生活常识、科技知识、生活生产的技能，具有艺术才华，能发现美、欣赏美、享受美、创造美。心理性格的修养，最核心的一个字是"和"，就是用平和的心态、心境、心情协调好人与人之间的关系，达到家庭和睦，人际和谐。女性遵循《列女传》的教导，勤于修养，在家做个好女儿，成家做个好妻子、好母亲，可为自己争气，为家庭争光，为国家争彩！

参考文献

1. 张涛著：《列女传译注》，北京：人民出版社 2017 年版。

2. 高山主编：《〈二十四史〉（1—16 册）》。北京：光明日报出版社 2020 年版。

3. 曹雪芹著：《红楼梦》，西安：三秦出版社 2020 年版。

4. 司马迁著：《史记》，北京：中华书局 2009 年版。